Dirk Stöve

„Meine herrliche Kapelle"

Dirk Stöve

„*Meine herrliche Kapelle*"

Otmar Suitner
und die Staatskapelle Berlin

HENSCHEL

Sie können uns 24 Stunden am Tag erreichen unter:

http://www.henschel-verlag.de
http://www.dornier-verlage.de

Die Deutsche Bibliothek – CIP-Einheitsaufnahme
Ein Titeldatensatz für diese Publikation ist bei
Der Deutschen Bibliothek erhältlich.

ISBN 3-89487-424-4

Lektorat: Giselind Rinn
Umschlaggestaltung: Mediabureau Di Stefano, Berlin
Titel- und Rückseitenbild: Marion Schöne, Berlin
Satz und Gestaltung: Typografik & Design
Druck und Bindung: Jütte Druck, Leipzig
Printed in Germany

Gedruckt auf alterungsbeständigem Papier mit chlorfrei gebleichtem Zellstoff

Inhaltsverzeichnis

I. Der Abschied –

Berlin 1990

Zu Beginn eine Abschiedsszene: Betroffenheit spricht aus den Gesichtern der Musiker, die sich an diesem sonnigen Septembertag des Jahres 1990 im alten Orchesterprobensaal der Staatsoper versammelt haben, wo vor über einem Vierteljahrhundert die Zusammenarbeit mit dem neuen Chefdirigenten Otmar Suitner begann. Nachdem er bereits im Sommer des Jahres aus gesundheitlichen Gründen seinen Rücktritt erklären musste, ist er heute gekommen, um den Dank »seiner« Kapelle entgegenzunehmen. Die Ehrung findet in einer Zeit politischer Umbrüche statt, so dass sie auf einen denkbar schmucklosen Rahmen beschränkt ist – die Zukunft der Staatskapelle ist noch mit etlichen Fragezeichen versehen.

© Marion Schöne

Verabschiedung durch die Staatskapelle 1990:
Otmar Suitner betritt durch ein Spalier seiner Musiker
den Orchesterprobensaal

Keine leichte Aufgabe also für den Festredner des Orchester-
vorstandes, der vor diesem Hintergrund nicht nur an die zahlreichen
gemeinsamen Erfolge erinnern möchte: »Sie haben uns in einer Zeit
der Diktatur die Treue gehalten, das bedeutete, Sie standen mit der
Ausstrahlung Ihrer Persönlichkeit in diesen Jahrzehnten für mehr als
es normalerweise die Position eines geschäftsführenden Generalmusikdirektors beinhaltet. Sie verkörperten ein freies Künstlertum,
waren ein Symbol dafür, dass es unbeeinflusst von Ideologien und
politischen Strategien in erster Linie eine Kunst gibt, die menschlichen Problemen und Idealen verpflichtet ist. ... Es muss heute einmal ausgesprochen werden: Sie haben Ihr Orchester, lieber Professor
Suitner, mit menschlicher Größe geleitet. An diese Großzügigkeit
und Güte werden wir noch oft denken müssen. ... Sie haben geholfen, dass persönliche Krisen überwunden wurden, waren in Gesprächen immer der Vermittler, haben psychischen Druck abgebaut und
nach fairen Arrangements gesucht. Gerade dadurch gehörten wir in

Otmar Suitner richtet das Wort an »seine herrliche Kapelle«.

Mit Orchester-direktor Lothar Friedrich

Japan zu den erfolgreichsten Orchestern und haben goldene Schall-platten produziert.«[1]

Dass »seine« Musiker in dieser Einschätzung noch heute überein-stimmen, zeigt, wie frei die gegenseitige Beziehung von jenem Über-druss geblieben ist, von jener Gewöhnung, die in gepflegte Lange-weile mündet, vor der selbst die besten Klangkörper nicht gefeit sind. Wenn es nun ausgerechnet bei Berlins ältestem und traditions-reichstem Orchester eine Ausnahme von dieser Regel zu konstatieren gibt, muss das seine Gründe gehabt haben – Suitners Vorgänger im 20. Jahrhundert, Karajan, Kleiber und Konwitschny etwa, sorgten ganz gewiss dafür, die Messlatte an ihn besonders hoch anzusetzen.

Die Aura eines Generals benötigte er freilich nie, um seine Auto-rität aufrechtzuerhalten. Ihm zum Abschied den Marsch ALTE KAME-RADEN zu spielen, entbehrte nicht einer subtilen Ironie, denn kaum etwas verabscheute er mehr als militärischen Drill, den er ob seiner Souveränität auch gar nicht nötig hatte. Jedem, der sich mit der Ge-

Die Blechbläser der Staatskapelle spielen
Wien bleibt Wien *und* Alte Kameraden.

schichte berühmter Orchester wenigstens oberflächlich beschäftigt hat, ist zur Genüge bekannt, wie labil die »Ehe« der Musiker mit ihrem »Chef« sein kann – selbst die allerberühmtesten Vertreter ihres Faches sind mitunter in betrüblich kurzer Zeit gescheitert.

Nicht Erinnerungsseligkeit oder Nostalgie sind also im Spiel, wenn der Autor dieses Buches die ungewöhnlich engen Bande zwischen Otmar Suitner und der Staatskapelle Berlin in den Mittelpunkt seiner Ausführungen stellen möchte. Ihm ist dabei bewusst, dass Suitner, der »König von Dresden« (O-Ton), im damaligen Ost-Berlin von Anfang an in Konkurrenz zu bedeutenden (wenn nicht berühmten) Musikerpersönlichkeiten stand, von denen zuvörderst Kurt Sanderling als langjähriger Chefdirigent des Berliner Sinfonie-Orchesters (BSO) zu nennen ist, aber auch Václav Neumann oder Kurt Masur von der Komischen Oper, Rolf Kleinert oder Heinz Rögner vom Rundfunk-Sinfonieorchester (RSB). Sie alle prägten das Verhältnis zu ihren Musikern nicht nur als Interpreten, sondern auf charakteristische Weise auch durch ihr im alltäglichen Umgang demonstriertes berufliches Selbstverständnis (oder sagen wir besser: Rollenverständnis). Wer dies in unserem Fall hinterfragen will, muss sich zunächst mit dem *Lebensweg* Otmar Suitners beschäftigen.

II. Der Wanderer –

Stationen einer Karriere mit dem Ziel Berlin

Kindheit und Jugend in Innsbruck

Dass Suitner keine Affinität zu autoritären Leitbildern entwickelte, liegt schon in seinem Elternhaus begründet. Hier wurden ihm jene weltanschaulichen und ethischen Grundlagen vermittelt, die eine Nähe zu den totalitären Ideologien seiner Zeit (und das bedeutete für ihn: zum Faschismus) von vornherein unmöglich machten. Am 16. Mai des Rapallo-Jahres 1922 wurde er in Innsbruck geboren – nicht in einer der großen Metropolen also, denen er so viele Jahre seines Lebens verbunden sein sollte, nicht in eine Familie von großbürgerlichem Wohlstand wie einige seiner berühmten Kollegen, die durch intellektuelles Milieu und solide ökonomische Basis viel eher prädestiniert für diesen Beruf schienen (man denke nur an die Elternhäuser von Furtwängler oder Karajan: der Vater des einen Archäologe mit Lehrstuhl in München, der des anderen Arzt »ritterlicher« Herkunft in Salzburg).

Wesentlich bodenständiger erscheinen dagegen die Suitner'schen Familienverhältnisse: Suitners Vater, Bauernsohn aus Leiblfing bei Pettnau, lernte seine italienische Frau, Tochter eines Eisenbahners, in einem Innsbrucker Lazarett kennen. Durch die Inflationszeit zu Beginn der 20er Jahre scheiterte sein Versuch, sich in der Werbebranche eine berufliche Perspektive zu erarbeiten, mit der er seine Familie ernähren konnte; schließlich fand er bei der Finanzlandesdirektion eine neue Anstellung: Der kleine Otmar S. wuchs gewiss nicht in materiellem Überfluss auf. Wenn er sich – wie er häufig betont – eine lebenslange Aversion gegen jede Form von Snobismus und »High Society« erhalten hat, so hängt dies wohl auch mit den Prägungen seiner Kindheit zusammen. »I bin halt a Tiroler Bauernbuab«, pflegt

Als Firmling mit seinem Vater

Suitner nicht ohne Koketterie seine Herkunft zu umschreiben, wenn er auf seinen nicht sonderlich ausgeprägten Sinn für Luxus und Upperclass-Konventionen angesprochen wird. Erfolge, gesellschaftlicher Aufstieg, so lernte er früh, waren immer mit besonders harten Anstrengungen verbunden.

Angesichts dieses Umfeldes ist es keine Selbstverständlichkeit, dass Otmar Suitner von seinen Eltern nie zum Erlernen eines »ordentlichen« Berufes gedrängt, sondern immer in seinen musischen Ambitionen gefördert wurde. Zwar begleitete die Musik – vornehmlich das Volkslied –, solange er denken kann, den Alltag der Familie, sie diente aber nie zum Broterwerb. So kommt dem Vater, dessen Musikalität er bis heute bewundert, das entscheidende Verdienst zu, die außergewöhnliche Begabung seines Sohnes entdeckt und vielleicht sogar geweckt zu haben: »Mein Vater, der war immer schon ein sehr musikalischer Mensch. Die Großmutter hat zwei Schwestern gehabt, und die haben sehr viel gesungen, meist einfache Lieder, und zwar sehr gut gesungen. Zu denen sind wir am Sonntag hingefahren ... Aber es gab noch andere musikalische Ausflüge mit dem Vater: hinauf zur Hohenburg nach Iglis, zur Villa von Rudolf Fischer ... Dort ist mein Vater stundenlang mit mir unter dem Fenster gestanden, und wir haben zugehört, wie Eugen d'Albert Liszt-Rhapsodien gespielt hat.«[2]

Wenn der Wunsch, Pianist zu werden, schon bei der Einschulung feststand, so ist dies neben der väterlichen Motivation einem berühmten Schüler d'Alberts zu verdanken: Wilhelm Backhaus, dessen Kunst noch Jahrzehnte später für ihn »eines der gewaltigsten pianistischen Erlebnisse« darstellte.[3] Das Ereignishafte der Virtuosenauftritte in der Tiroler Landeshauptstadt ist Suitner heute immer noch genauso bewusst wie vor knapp 35 Jahren, als er darüber zum ersten Mal in einem Interview sprach.[4] Er selbst weigerte sich allerdings in jeder Phase seiner Karriere, Innsbruck als die Durchgangsstation zu betrachten, die es für viele Pianisten in seiner Kindheit war. Den Provinzhass des renommierten Künstlers hat er nie empfunden, sondern im Gegenteil seine Tiroler Identität (genauso wie seinen dritten Wohnsitz im nahen Seefeld) bis heute behalten. Sein österreichischer Erstwohnsitz ist zwar heute Wien, aber er hat sich zur Donaumetropole die gleiche Distanz bewahrt wie diese zu seiner Heimat.

Neben der regionalen Prägung waren für den jungen Otmar Suitner eine religiöse – nach eigenen Worten »liberal-katholische« – und eine literarische entscheidend. Für ihn, dem auch im Alter das Lesen mehr bedeutet als ein Bildungsgut, war die Literatur seit jeher eine wichtige Inspirationsquelle. Als er 1981 von der Zeitschrift *Theater der Zeit* gebeten wurde, etwas »über seine Methodik bei der Erarbeitung von Opern und konzertanten Werken zu berichten«, antwortete er unter anderem: »Mir kommt zugute, dass ich seit meiner Kindheit sehr viel gelesen habe und immer noch täglich lese, sobald mir die Arbeit Zeit dazu lässt. Meine Lieblingslektüre sind die österreichischen und deutschen Romantiker: Eichendorff, Novalis, Mörike und Brentano ... Mich fesselt bei ihnen das Ganzheitliche, der Einbezug von emotionalen Erschütterungen in die Sphäre des Vernünftigen, die Schwingungen einer Welt der Bilder und Symbole. Vielleicht ist es das spezifisch Musikalische, das mich zu ihnen hinzieht ... der Drang nach Hintergründigem, die Seele, das Schöne, der Abglanz der bunten Steine, wie z. B. Adalbert Stifter, in dessen Werke ich mich ein- bis zweimal im Jahr vertiefe.«[5] Dass mit zunehmendem Alter auch noch weitere Autoren in den Mittelpunkt des Interesses rückten, bedarf kaum einer Erwähnung; Suitner weist insbesondere auf James Joyces ULYSSES und Robert Musils MANN OHNE EIGENSCHAFTEN hin. Stifter aber behält für ihn nun schon seit rund sieben Lebensjahrzehnten eine zentrale Bedeutung: Nicht nur in Gesprächen mit dem Autor, sondern auch mit Kapellmusikern spielte er eine wichtige Rolle, weshalb es nicht übertrieben erscheint, diesen Schriftsteller als wichtige Grundlage seiner Musizierästhetik zu bezeichnen – ohnehin sieht Suitner die Künste in einem interdisziplinären Verhältnis. Gerade die Vorrede zu den BUNTEN STEINEN hat er immer wieder empfohlen, so dass wir in ihr einen Schlüssel zum Verständnis des Interpreten Suitner sehen dürfen.

Kehren wir aber in die Jahre zurück, in denen sich davon noch nichts erahnen ließ, denn die berufliche Zukunft gehörte anderen Plänen. Nachdem ihm seine bisherigen Klavierlehrer keine neuen Fähigkeiten mehr vermitteln konnten, besuchte Suitner von 1938 bis 1941 – neben dem Pädagogicum (Gymnasium) – das damals noch schlicht »Musikschule« genannte Innsbrucker Konservatorium. Bald hatte er die Grenzen seiner Heimatstadt ausgeschritten, denn in der Klasse von Fritz Weidlich, der anfangs noch zögerte, ihn aufzunehmen, gehörte er rasch zu den Besten. Bereits mit 16 Jahren hatte er das Niveau erreicht, um mit dem Orchester des Landestheaters zu konzertieren. Für seinen ersten öffentlichen Auftritt wählte er Carl Maria von Webers Konzertstück f-Moll op. 79, das von nun an zu seinem Reisegepäck gehören sollte.

Dirigent oder Pianist?

Als Suitner mit 19 Jahren seine Schulausbildung abschloss, hatte er glänzende Chancen, ein erfolgreiches Studium zu absolvieren. Mehr Fortune brauchte er dagegen, unbeschadet die politischen Zeitläufe zu überstehen. Drei Jahre zuvor war Österreich »heim ins Reich« geholt worden; Nazi-Deutschlands Wehrmacht streckte immer wieder die Hand nach Otmar Suitner aus, der von nun an mit Schwejk'scher Schläue seine physische Existenz verteidigen musste – sein Jahrgang gehörte zu den am härtesten Betroffenen.

Dem Reichsarbeitsdienst hatte er sich bereits entziehen können, da er von dem einflussreichen Konzertagenten Herbert Geschwenter ans Salzburger Mozarteum empfohlen wurde. Hier bewies Suitner in Bezug auf die von ihm favorisierten Lehrer, dass er genaue Vorstellungen hatte, was und wie er lernen wollte, und ließ sich dabei von Rückschlägen nicht entmutigen. Hatte ihm sein Lehrer Weidlich auch die Fähigkeit zum Dirigieren gänzlich abgesprochen, so bewarb er sich jetzt ausgerechnet bei seinem Idol Clemens Krauss, dessen hohe Ansprüche bekannt waren. Als dieser sein Probedirigat mit den kühlen Worten bedachte: »Warum dirigieren's denn Schlangenlinien?«,[6] ging Suitner zunächst in die Klasse von Willem van Hoogstraaten. Der Niederländer (1884–1965) – Mitte der 20er Jahre war er ständiger Dirigent der New Yorker Philharmoniker gewesen – leitete von 1938 bis 1945 das Mozarteum-Orchester. Er entstammte aber nicht jener Tradition, der Suitners Interesse vorrangig galt: der von Richard Strauss. Diesem war er beim Salzburger Mozartfest 1934 zum ersten Mal begegnet, wo der Komponist aus Garmisch seine SINFONIA DOMESTICA und Mozarts JUPITERSINFONIE dirigierte. Nicht alleine das Programm, sondern die sachlich-kühle, transparente Partiturexegese mit ihren raschen Tempi hatten den damals zwölfjährigen Otmar Suitner nachhaltig fasziniert. Nun traf es sich gut, dass in den frühen vierziger Jahren die Zusammenarbeit der Freunde Krauss und Strauss wohl am intensivsten war: Die Nähe zum einen stellte automatisch die Nähe zum anderen her. Angesichts seiner heute bekannten Qualitäten wundert es nicht, dass es Suitner in denkbar kurzer Zeit gelang, von Clemens Krauss dann doch als einer seiner vier oder fünf Schüler »geduldet« (Suitner) zu werden.

Der neue Lehrer war in jeder Hinsicht eine Ausnahmepersönlichkeit. Durch seine Biografie, künstlerischen Erfolge und kulturpolitische Machtstellung hatte er bisweilen einen exzentrisch schillernden Ruf, der durch den ungleich längeren Nachruhm Wilhelm Furtwänglers ein wenig in Vergessenheit geraten ist (ähnlich waren beide nur in ihren Lebensdaten: Furtwängler 1886–1954, Clemens Krauss 1893–1954). Im Gegensatz zu seinem begeisterten Schüler entstammte Krauss elitärsten sozialen Verhältnissen – der gräfliche Vater ein bekannter Herrenreiter, die Mutter eine dramatische Sängerin. Ihn als »geborenen Dirigenten« zu bezeichnen lag nahe, übernahm er doch bereits mit 19 Jahren die Chordirektion in Brünn. Als 28-Jähriger erhielt er eine feste Anstellung an der Wiener Staatsoper, gründete zwei Jahre später die heute weltberühmten Wiener Neujahrskonzerte, um dann nacheinander die Staatsopern in Wien (1924–34), Berlin (1935–36) und München (1937–44) zu leiten; als »Zuckerl« kamen 1939–42 die Leitung der Salzburger Festspiele und die Lehrtätigkeit am Mozarteum hinzu. Diese beängstigende Ämterhäufung vor braunem Hintergrund mag heute zu Recht anstößig wirken: Otmar Suitner hat sie nur Vorteile gebracht, künstlerische wie praktisch-alltägliche. So konnte er nicht nur die drohende Einberufung hinauszögern, sondern erhielt noch im Krieg eine erste Anstellung.

Aus der Fülle der intensiven Erlebnisse dieser Zeit erzählt er spontan jene zwei, wo er der »Probenwerkstatt« Strauss-Krauss beiwohnen durfte. Krauss war neben Karl Böhm der wichtigste (Uraufführungs-)Dirigent für den bald achtzigjährigen Komponisten. Bei einer ARABELLA-Probe 1942 in Salzburg konnte Suitner die entspannte Souveränität studieren, mit der Clemens Krauss, der intensive Probierer, den »Apparat« im Griff hatte und gleichzeitig den Strauss'-schen Humor mit Fassung trug: »Du Krauss, das 4. Horn ist zu stark …« Während der Eleve neben Strauss im Parkett saß, hatte er noch öfter das Vergnügen, aus berufenem Mund Kommentare über seinen Dirigierlehrer zu hören. Nachhaltigen Eindruck hinterließen auch die Proben zur Uraufführung von CAPRICCIO, dem »Konversationsstück für Musik«, die am 28. Oktober 1942 in München stattfand. Krauss hatte hier sogar als Librettist mitgewirkt; imponiert hat er seinem Schüler aber durch seine Schlagtechnik, die knappste Geste mit Präzision und Eleganz verband. Gleiches ließe sich, laut Suitner, auch – mit graduellen Unterschieden – von Hans Knappertsbusch und vom Dirigenten Richard Strauss selbst sagen. Über dessen Mozart-Aufnahmen mit der Berliner Staatskapelle aus den 20er Jahren wird noch zu berichten sein.[7] »Mozartisch« war jedenfalls die Strauss-Tradition, die Suitner hier verinnerlichte und später an zwei großen Häusern fortführen sollte: unsentimental, unpathetisch, an zügigen Zeitmaßen und transparenten Klangbildern interessiert.

Von daher war es nicht nur eine freundliche Geste, sondern auch ein Zeichen von künstlerischer Übereinstimmung, dass der Schöpfer des ROSENKAVALIERS einem ihm seit wenigen Jahren bekannten jungen Musiker gestattete, dieses Erfolgsstück für reduzierte Orchesterbesetzung zu bearbeiten. 1941 war Suitner mit Hilfe seines Lehrers

16

Clemens Krauss und des Intendanten Max Alexander Pflugmacher zum Korrepetitor und Operettenkapellmeister sowie später zum 1. Kapellmeister am Innsbrucker Landestheater ernannt worden – und dort war die Originalbesetzung aufgrund ihrer personellen Anforderungen nicht spielbar.

Strauss hatte wenige Jahre vorher am gleichen Ort ein wenig Subversion betrieben. Man könnte dieses Anekdötchen aus den letzten Jahren des Tausendjährigen Reiches in die Kategorie des Allzu-Banalen einordnen, würde es nicht auf subtile Weise das Bemühen zeigen, einem totalitären Regime gegenüber wenigstens im Kleinen etwas künstlerische Freiheit zu bewahren – ein Problem, das sich Suitner später in etwas moderaterer Form auch stellen sollte. Damals hörte er zusammen mit Strauss eine SALOME-Aufführung, bei der der GMD Hans-Georg Ratjen aus Gründen der »Rassenhygiene« zur Streichung des »Judenquintetts« aufgefordert worden war, dieser Weisung des Gauleiters aber nicht nachkam. Dessen Unbedarftheit wiederum war das Glück aller Beteiligten. Als er nachfragte, ob man seinen Befehl umgesetzt habe, antwortete ihm der (beinahe) zensierte Komponist eilfertig: »Ja natürlich, I kann's bezeugen!« Mit einem gewissen Sarkasmus könnte man freilich auch schlussfolgern, Ratjen habe den Gauleiter weniger gefürchtet als den Zorn Richard Strauss' über die »Schändung« seines Meisterwerks.

Der junge Otmar Suitner unmittelbar nach dem 2. Weltkrieg

Der Pianist Otmar Suitner, 1948

Suitner hatte dramatischere Situationen als die beschriebene zu überstehen,[8] bis auch für ihn der Krieg zu Ende war; die Gefangenschaft und damit eine längere Zäsur in seinem Werdegang blieben ihm erspart. Sein Beruf war zu dieser Zeit noch der des Pianisten, denn zu seinen Studien am Mozarteum hatte auch der Besuch der Klavierklasse von Franz Ledwinka gehört. Diesen hatte er auf Rat Weidlichs der ungleich berühmteren Elly Ney vorgezogen, die den Schüler bei der Aufnahmeprüfung spontan für sich gewinnen wollte. Ledwinka hatte noch selbst mit Johannes Brahms und Johann Strauß musiziert und vermittelte deren Traditionen buchstäblich aus erster Hand. (Bekannter geworden ist er allerdings aus reichlich profanem Grund: Er war der Klavierlehrer Herbert von Karajans.) Nach seinem Staatsdiplom blieb Otmar Suitner – trotz eines Dirigats der Wiener Symphoniker in Bregenz 1948 beispielsweise[9] – in erster Linie dem

Klavier treu. Provinziell war sein Aktionsradius allerdings nicht mehr, wenn er mit Partnern wie den Münchner Philharmonikern unter Fritz Rieger Brahms' d-Moll-Konzert aufführte. Zu seinem Kernrepertoire gehörte damals – neben einigen Mozart-Konzerten, Schumanns op. 54 und natürlich Webers Konzertstück – Liszts Totentanz, der seine Virtuosität unter Beweis stellte. Ledwinka, der auch Godovsky-Schüler gewesen war, lehrte ihn, diese Werke »orchestral, nicht perkussiv« zu spielen. Nicht zu vergessen, dass Suitner solche Fähigkeiten auch bei seinen Auftritten als Liedbegleiter einbringen konnte.

Letztlich war es eine Empfehlung von Clemens Krauss, die ihn unter seinen Begabungen eine definitive Wahl treffen ließ. In seiner Generation gäbe es (mit Demus, Gulda oder Badura-Skoda) »eine große Zahl herrlicher Pianisten«, aber als Dirigent »in der größeren BRD« habe er die besten Chancen. Mit glänzenden Zeugnissen zog Suitner daraufhin in den Teil Deutschlands, der im Kalten Krieg auf der materiell besseren Seite stand.

Dabei begleitete ihn seit 1948 seine Frau Maria Rita (»Marita«) geb. Wilckens, auf deren Unterstützung er fortan bei jeder Etappe seiner Arbeit zählen konnte. Sie entstammte einer Künstlerfamilie; ihr Vater, ein Schüler Franz Schrekers, schuf Kompositionen, die später einmal von Otmar Suitner und der Berliner Staatskapelle für den Rundfunk produziert werden sollten. Damals hätte er es sich nicht träumen lassen, einmal vor einem solchen Orchester zu stehen, denn seine Karriere verlief zunächst in unspektakulären Bahnen.

Erste Anstellungen in der Bundesrepublik

In der westfälischen Metropole Dortmund lockte die Aussicht, dem Musiktheater einer rund 500 000 Einwohner zählenden Stadt voranzustehen. Seine Hoffnung wurde durch das Votum von Publikum und Presse bestätigt, bis sich dasjenige des »schwarzen« Handelskammervorsitzenden dazugesellte. In der SPD-Hochburg war dessen öffentlich geäußerte Meinung Anlass genug, sich daraufhin – ausschließlich aus parteipolitischen Gründen – gegen Suitner auszusprechen. Die Enttäuschung über einen Parteiklüngel, den künstlerische Erwägungen wenig interessierten, prägte Suitner auf

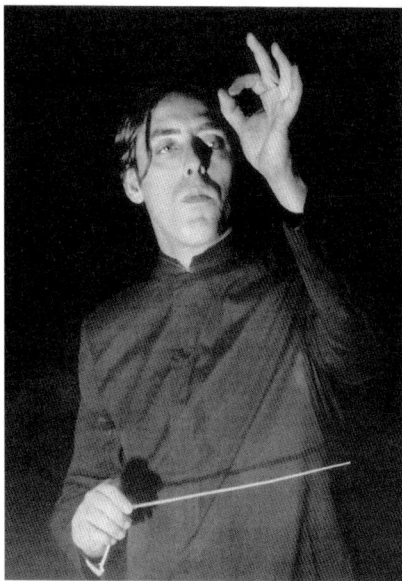

Der Dirigent Otmar Suitner, 1957

lange Sicht, hatte ihm doch während seiner Probedirigate in Konzert und Oper (CARMEN) das recht groß besetzte philharmonische Orchester eine verlockende Chance geboten.

Eine weitere, obgleich weitaus bescheidenere, konnte er andernorts mit Verve nutzen. Sie fand sich ungefähr 50 Kilometer weiter südlich im (damals noch) recht idyllisch anmutenden Bergischen Land. Böse Zungen könnten es – um im Kontext von Suitners Biografie zu bleiben – ein »rheinisches Tirol« nennen. Als Musikdirektor trug Suitner seit 1952 die Verantwortung für das Musikleben einer Stadt, deren Größe und Einwohnerzahl in etwa dem heimatlichen Innsbruck entsprachen: Remscheid. Nun hatte er die Gelegenheit, sich eigenverantwortlich ein Konzertrepertoire zu erarbeiten. Da er auch die Leitung des städtischen Chores und eine Fülle administrativer Pflichten übernehmen musste, wurde er rasch mit Arbeitsgebieten vertraut, die für ihn bis dahin weder Pflicht noch Neigung bedeutet hatten. In Dresden und Berlin profitierte er später davon, dass ihm der überschaubare Rahmen jener Jahre Einblicke in Funktion und Sinn wichtiger Strukturen des Theaterbetriebs ermöglicht hatte. »Ich habe die *preußische* Verwaltungsarbeit kennen gelernt und selbst

machen müssen, das ist für mich heute ein großer Vorteil«,[10] meinte er rückblickend.

Dem Wanderer und Naturfreund kam außerdem entgegen, in einer reizvollen Umgebung arbeiten zu können. Noch heute schwärmt er von seinem Wohnsitz mit der kauzigen Adresse »Schüttendelle«.[11] Dort fand er die nötige Ruhe, auch solche Komponisten und Werke zu studieren, die später nicht mehr auf seinem Spielplan standen. Im protestantischen Remscheid gehörte beispielsweise Bachs MATTHÄUS-PASSION dazu. Dass sein Wirken in der Provinz nicht provinziell war, belegt der heimische *Generalanzeiger* weniger aussagekräftig als eine Einladung vom Berliner Philharmonischen Orchester, der er Mitte der 50er Jahre im neu eröffneten Konzertsaal der Hochschule der Künste am Steinplatz nachkam. Weitere wichtige Stationen seiner Karriere stellten die Schallplattenaufnahmen mit den Bamberger Symphonikern dar: Am Pult von Joseph Keilberth spielte er bei der Deutschen Grammophon Werke von Edward Grieg und Franz Liszt ein. (Da der Letztere später nicht gerade zu Suitners musikalischen »Hausgöttern« zählte, wäre eine Wiederveröffentlichung, z. B. in der Reihe *The Originals*, wünschenswert.)

21

Nach diesen Anzeichen wachsender Reputation war es nur folgerichtig, dem aufstrebenden Dirigenten ein höher qualifiziertes Orchester anzubieten, mit dem er sich auf dem Gebiet seiner aktuellen Erfolge profilieren konnte: der Sinfonik. Die Möglichkeit dazu bekam er in Ludwigshafen, dem so häufig im Schatten Mannheims und seiner Kulturinstitutionen stehenden Industriezentrum von Rheinland-Pfalz, wo Suitner 1957 Generalmusikdirektor des Pfalzorchesters wurde. An das Leistungsvermögen dieses Orchesters denkt er noch heute mit Respekt und Bewunderung, obwohl er inzwischen weitaus renommiertere Klangkörper geleitet hat.

Die Routine des reinen Konzertorchesters erlaubte seinem neuen Chef, mehr als Interpret denn als Orchestererzieher Erfahrungen zu sammeln. Zwar hatten die auch tariflich wesentlich schlechter gestellten Remscheider Musiker für größere Besetzungen den Verbund mit den Kollegen aus dem nahen Solingen gesucht,[12] aber das »Riesenorchester« war dennoch nicht mehr als eine improvisatorische Lösung in unzureichenden Räumlichkeiten; mit solchen Kompromissen war es nun vorbei. Neue Probleme bereitete der Status des Pfalzorchesters als Landesorchester: Das Privileg, größtes Orchester eines Bundeslandes zu sein, wurde (und wird es bis heute) von den Musikern mit ausgedehnter Reisetätigkeit erkauft, die oftmals wieder in jenen wenig adäquaten Sälen der Provinz endete, denen Suitner gerade glaubte entflohen zu sein. Durch die häufige Wiederholung der Konzerte war zudem die Zahl der Programme recht niedrig, so dass der Entwicklungsperspektive des Orchesters a priori enge Grenzen gesetzt waren; ein Darüberhinaus war unter den gegebenen Bedingungen nicht erreichbar.

Gerne erinnert sich Suitner daran, dass Jahre nach seinem Weggang ein heute reichlich prominenter und in die Schlagzeilen geratener damaliger Ministerpräsident diese Zustände zu ändern wünschte. Helmut Kohl griff dabei auf den Rat des ehemaligen GMD zurück, als er das Pfalzorchester personell erweitern, tariflich höher gruppieren und zur Staatsphilharmonie ernennen wollte. Ihre Bedeutung erhält diese scheinbare Nebensächlichkeit durch die »Grenzverletzung«, derer sich Otmar Suitner währenddessen schuldig gemacht hatte, nämlich ein Angebot aus der DDR anzunehmen. Im Kalten Krieg galt auch in der BRD der Ort des künstlerischen Wirkens als Gesinnungszeugnis, was den CDU-Politiker aber offenbar wenig interessierte. Fast eine Freundschaft habe sich aus dieser Begegnung entwickelt, wie Suitner augenzwinkernd bemerkt. Später gegen ihn gerichtete Beleidigungen der West-Berliner CDU (von denen noch die Rede sein wird) wies der Bundesvorsitzende dieser Partei ebenso zurück, wie er noch in den 80er Jahren Aufführungen in der Staatsoper Unter den Linden besuchte – als privat zahlender Gast wohlgemerkt, denn eine offizielle Bestellung über die Intendanz hätte die persönliche Geste zur *Staatsaktion* degenerieren lassen.

Als solche hingegen ließe sich die Entscheidung bezeichnen, die Otmar Suitner 1960 traf. Zu ihren Folgen gehörte nicht nur, mit Orchestern einer ihm bisher unvorstellbaren Kategorie in fester Bindung zusammenzuarbeiten und – wie er noch nicht ahnen konnte – dem Ziel und Endpunkt seiner Laufbahn bereits sehr nahe zu kommen.

Der Schritt in den Osten

Auch für einen Österreicher war es ein Prozess des Abwägens, langjährige Verträge in einem Land einzugehen, das im offiziellen Sprachgebrauch der BRD damals noch nicht einmal in seiner abgekürzten Form mit Anführungszeichen genannt werden durfte. (Von der Entspannungspolitik profitierte Suitner in den folgenden Jahren auf vielfältige Weise, denn vor allem sein zweites Engagement »drüben« hätte ihm sonst mehr schaden können.)

Suitner hatte zwar bereits in der DDR gastiert,[13] doch war das noch nicht als Loyalitätsbekundung mit dem System missverstanden worden. Ein Auftritt wie der am 10. März 1957 mit dem Städtischen Berliner Sinfonie-Orchester war zudem nicht als Politikum geeignet: Der Kongress-Saal des Ministeriums für Finanzen bot nicht den Rahmen, der im Mittelpunkt der (musik-)interessierten Öffentlichkeit gestanden hätte. Allerdings hatte ihm ein solches Gastspiel bereits Einblicke in die Nach- und Vorteile des »sozialistischen« Musiklebens eröffnet: Während die baulichen Investitionen bei wichtigen Kultureinrichtungen – vor allem fern der Hauptstadt – weit unter dem westdeutschen Niveau lagen, integrierte der ostdeutsche Teilstaat in großzügiger Weise junge Künstler ins Musikleben;[14] das mochte verschiedene Gründe haben, bot aber eine dynamischere Entwicklungsperspektive, als es vielerorts im Westen der Fall war.

Obwohl ihm in jenen Jahren die Staatsopern von Hannover oder Hamburg[15] offen standen, entschied er sich nicht allein wegen des Ratschlages seines Managers Friedrich Pasche für Dresden – also *für* die großartige Tradition eines 1548 gegründeten Orchesters und *gegen* den größtmöglichen privaten Wohlstand. Es muss an dieser Stelle hervorgehoben werden, dass auch ein üppig bemessener Vertrag im »real existierenden Sozialismus« in finanzieller Hinsicht nicht das bedeutete, was vergleichbare Positionen im Westen geboten hätten. Wer nicht dort blieb, hatte also gute Gründe.

Wie sich das ehemalige Dresdner Staatskapellmitglied Joachim Ulbricht erinnert, wurde Suitner – wie einst sein Landsmann Karl Böhm – »mit beinahe undemokratisch hoher Zustimmung« zum neuen Chef gewählt. Die Einmütigkeit resultierte nicht allein daher, dass der Österreicher und Strauss-Freund für die Musiker Kontinuität verkörperte. Allerdings ist unbestritten, dass zu den Glanzzeiten der sächsischen »Wunderharfe« in den vergangenen hundert Jahren jene gehörten, die unter der Leitung Ernst von Schuchs (1872–1914!) und Karl Böhms (1934–43) den seither ungebrochenen Ruf als Strauss-Orchester begründeten – beide Dirigenten waren von gleicher Nationalität wie Suitner und genossen engste Kontakte zu ihrem Uraufführungskomponisten. Warum die unter solchen positiven Vorzeichen begonnene »Ehe« Suitners kaum länger dauern sollte als die vorangegangene in der Pfalz, hängt mit mehr als der bloßen Anziehungskraft der DDR-Hauptstadt zusammen. In Dresden bahnte sich eine gegenseitige Zuneigung an, die jener zu seiner »herrlichen (Berliner) Kapelle« wenn nicht vergleichbar, doch sehr ähnlich war. Wer dem Geheimnis Suitner'scher Begeisterungsfähigkeit auf die Spur kommen möchte, gewinnt auch für dessen Zeit an der Spree neue Einsichten beim Blick auf die Anstrengungen der Dresdner Kapelle, den Wunschkandidaten durchzusetzen. Dem Intendanten, der ihn vier Jahre später Unter die Linden verpflichtete und sein Vorgesetzter für beinahe ein Vierteljahrhundert wurde, war seine schon in Sachsen demonstrierte Nichtkompromittierbarkeit bestens bekannt – er amtierte damals als stellvertretender Kulturminister: Hans Pischner.

Dem Politiker begegnete in Otmar Suitner zunächst derjenige, der die ministeriellen Pläne für die Leitung der Dresdner Staatskapelle durchkreuzt hatte. Als neuer Stern am staatlich kontrollierten Dirigentenhimmel hatte er die als umgänglich eingestuften Musiker von der Elbe in einem Maße für sich eingenommen, dass sie alle Fügsamkeit vermissen ließen. Ihre definitive Entscheidung für den jungen Österreicher und gegen seinen Mitbewerber resultierte allerdings nicht aus Arroganz oder elitärem Bewusstsein, wie es die Memoiren Hans Pischners nahelegen könnten: »In Dresden gab es jedoch die seltsame Einstellung, dass jemand, der an der Philharmonie dirigiert hat, für die Staatskapelle nicht mehr zur Diskussion steht.«[16] Kurt Masur, von dem hier die Rede ist, amtierte zwar tatsächlich zwischen 1955 und 1958 als zweiter Dirigent der Dresdner Philharmonie, als »zweite Wahl« hätte ihn aber bereits zu dieser Zeit kein Kenner der Szene bezeichnet, da ihn sein Erfolg zum Anwärter für gehobene Positionen werden ließ. Da auch Philharmonie-Chef Heinz Bongartz bei der Staatskapelle gastierte (was beispielsweise in der nunmehr historischen Aufnahme der MOZART-VARIATIONEN Max Regers dokumentiert ist), muss die Legende vom Standesdünkel der Kapellmitglieder relativiert werden: Sie hatten sachliche Gründe. Und diese können nicht erfunden werden, selbst wenn Aversionen vorhanden waren gegen das zentralistische Berlin[17] und den allzu offensichtlichen Versuch, ein »Landeskind« durchzudrücken. (Gerade aus dieser Perspektive musste es die Dresdner schmerzen, Otmar Suitner schon bald an die Hauptstadt zu verlieren.)

Bezeichnend ist jedoch, dass selbst die Parteileitung (!) der Staatskapelle durch ihren Appell vom 8. April 1959 für den Kandidaten aus dem nichtsozialistischen Ausland plädierte.[18] Hans Pischner musste seinem Abteilungsleiter Kurt Bork mitteilen, das Zentralkomitee habe beträchtliche Hürden für Suitner gesetzt, die in seinem vollständigen Umzug in die DDR und einem Probejahr (!) bestünden.[19] Nachdem Bork im Juni damit gescheitert war, Suitners Tätigkeit in Dresden generell zu unterbinden und keine weiteren Gespräche über Engagements mit ihm zu führen,[20] war es vor allem das Schreiben des »Rates des Bezirk Dresden« vom 3. Juli 1959 an das Politbüro-Mitglied Kurt Hager, mit dem Suitner der Weg geebnet wurde. »Ernstzunehmende Musiker« – stellvertretend werden die Namen Rucker und Schütte genannt – hätten sich »vertrauensvoll« an die Leitung des Theaters und an »die Parkei- und Staatsfunktionäre der örtlichen Ebene« gewandt. Nach der Bemerkung: »Suitner ist nicht deshalb ihr Mann, weil er aus dem Westen kommt«, werden dessen Stärken in der Probenarbeit konkret benannt.[21] Für ihn, aber nicht gegen seinen Konkurrenten sprach dieses Urteil: Kurt Masur zählt heute bekanntlich zu den Stars seiner Zunft. Dem sollte hinzugefügt werden, dass die Unabhängigkeit des Nicht-DDR-Bürgers hier wie in Berlin bei der Entscheidung der Orchester eine Rolle gespielt haben mag, aber eben eine den künstlerischen Interessen untergeordnete.

Diese wurden dann nicht nur in Suitners Amtszeit von 1960 bis 1964 verwirklicht und brachten Ergebnisse von nachhaltigem Erfolg. Im Stereo-Zeitalter fiel ihm das Verdienst zu, den Ruf der Staatskapelle Dresden als Schallplattenorchester zu begründen. Außerhalb der DDR bei Firmen wie Eurodisc oder EMI (und heute fast vollständig auf CD) erschienen, standen dem Hörer bald exemplarische Wiedergaben aus zwei Jahrhunderten Musikgeschichte zur Verfügung. Über den Rang des Mozart-Interpreten Suitner wird noch an anderer Stelle gesprochen werden; die Einspielungen zahlreicher Sinfonien und Opern, von denen stellvertretend DIE HOCHZEIT DES FIGARO und DIE ZAUBERFLÖTE genannt seien, entwickelten sich zu den meistver-

© Hans-Dieter Grohe

Bei Schallplattenaufnahmen zu Mozarts DIE HOCHZEIT DES FIGARO *mit Walter Berry, Anneliese Rothenberger und Hilde Güden, 1964*

kauften jener Jahre – nicht verwunderlich, dass sie sogar zu den Top-Ten des Klassikmarktes zählten.[22] Es war aber nicht nur der eigene Repertoireschwerpunkt, mit dem der Dresdner GMD seine Erfolge feierte. Neben der Wiener Klassik vertraute man den Mikrophonen unter anderem Streicherserenaden von Tschaikowski und Volkmann sowie Mahlers 1. Sinfonie an, aber auch einen Querschnitt durch die Musik des 20. Jahrhunderts: Hindemiths Weber-Metamorphosen, Strauss' Metamorphosen für 23 Solostreicher und Strawinskys LE SACRE DU PRINTEMPS. Gesamtaufnahmen von Bühnenwerken kamen hinzu: Humperdincks HÄNSEL UND GRETEL, Smetanas VERKAUFTE BRAUT und Strauss' SALOME (mit der gefeierten Christel Goltz in der Titelpartie, die diese auch schon in einer wenige Jahre nach Kriegsende entstandenen Dresdner Produktion gesungen hatte). Dass die Beziehungen Otmar Suitners nach Dresden trotz der Verstimmung über seinen Weggang letztlich ungetrübt blieben, kann besser als mit schönen Worten anhand der sich bis in die 70er Jahre erstreckenden Aufnahmedaten belegt werden; dazu hätte ansonsten nach seinem Ausscheiden keinerlei Veranlassung bestanden.

Profitierten die Einspielungen von der bis heute wegen ihrem spezifischen »Sound«[23] benutzten Lukaskirche, so wurden die Opern- und Konzertaufführungen durch die Akustik im Großen Haus der Staatstheater Dresden stark beeinträchtigt. Das frühere (und heutige) Schauspielhaus war 1948 als Interimsspielstätte bis zur Rekonstruktion der Semperoper eröffnet worden, deren Vorhänge sich erst knapp 40 Jahre später, 1985, hoben. In der Zwischenzeit musste ein Orchester von Weltrang mit den Unzulänglichkeiten eines Dreispartentheaters mittlerer Größe leben: mit einem viel zu kleinen Orchestergraben, in dem ausgerechnet die Partituren Wagners und Strauss' nicht in Originalbesetzung aufgeführt werden konnten, aber auch mit viel zu geringen Nachhallzeiten, die im sinfonischen Bereich ebenfalls zu Qualitätseinbußen führen mussten. Darunter litten vor allem Aufführungen jener Komponisten, die man nicht nur in Dresden mit dem Namen der Kapelle verband – beispielsweise die großbesetzten Partituren der Romantik und Spätromantik. Genauso wie die außergewöhnliche Situation der im Krieg verwüsteten Stadt sollte nicht vergessen werden, dass kein anderes Spitzenorchester der DDR derart lange unter ähnlich unangemessenen Bedingungen arbeiten musste. Nur auf Schallplatten und Tourneen war damals zu erleben, wie groß das Leistungsvermögen der Kapelle wirklich sein konnte. Erst im Jahre 1969 wurde der Kulturpalast am Altmarkt eröffnet, durch den allerdings mehr die räumlichen als die akustischen Probleme der Abonnementskonzerte gelöst wurden; Otmar Suitner hat davon in seiner alltäglichen Arbeit also nicht mehr profitiert. Er sollte für lange Zeit der letzte Chefdirigent der Kapelle sein, der dem Opernbetrieb in vollem Maße zur Verfügung stand, denn seine Nachfolger waren auf diesem Gebiet nur noch sporadisch tätig.

Von Dresden nach Berlin-Pankow

Die krisenhafte Situation des Dresdner Hauses sprach der bald in die Hauptstadt Abgeworbene derart schonungslos an, dass sich auch dort rasch herumsprechen musste, mit Otmar Suitner keinen unpolitisch-botmäßigen Maestro zu verpflichten. Zu seinem Verantwortungsgefühl gehörte es, die eigene Nichterpressbarkeit ohne falsche Höflichkeit in die Waagschale zu werfen, wenn dies der (Dresdner) Sache diente. Er lotete damit ebenfalls aus, ob die Berliner Instanzen durch die Möglichkeit einer ähnlich offenen Aussprache von ihm Abstand nehmen würden; einen Test, den er für sich entschied.

Neben der Offenheit war auch die Ernsthaftigkeit seiner Argumentation nicht zu leugnen, die alle Vorwürfe ausräumte, er habe nur die eigene Karriere im Blick. Dass er im Gegenteil aus bereits bekannten Gründen einer Arbeit im Osten der Mauerstadt skeptisch gegenüberstand, verdeutlicht die vertrauliche Niederschrift des Dresdner Stadtrats Larondelle vom 4. November 1963, die nach einem Gespräch mit Otmar Suitner kurz vor dessen Berliner Vertragsunterzeichnung entstand: »Schon seit geraumer Zeit haben die verschiedensten Stellen aus Berlin mit ihm gesprochen und Verhandlungen führen wollen, um ihn stärker nach Berlin zu ziehen. Besonders intensiv seien diese Bemühungen nach dem Tode von GMD Prof. Franz Konwitschny geworden. Er habe bisher alle diese Anträge abgelehnt, weil er aufgrund der besonderen politischen Lage in Berlin seine weitere Entwicklung nicht habe gefährden wollen ...«[24] Trotz seines neuen Amtes wollte Suitner auch das alte in Dresden behalten, falls dort seine Dirigate in der Oper reduziert werden konnten: ein provozierender Vorschlag, denn vor allem Konwitschny, aber auch

Matačić waren zu einer ähnlichen Ämterhäufung *gedrängt* worden. Durch das Scheitern dieses Vorstoßes erfuhr Suitner immerhin, zu welcher Kategorie der staatlichen Besetzungspolitik er im Vergleich zu den genannten Kollegen zählte. Allerdings lassen die konkreten Vorschläge zur Abänderung seines Dresdner Vertrages wie auch seine weiteren Ausführungen keinen Zweifel, dass sein Bekenntnis zur sächsischen Bezirksstadt mehr als bloße Rhetorik war: »Abschließend … erklärte GMD O. S., *dass er keinesfalls bereit sei, von Dresden ganz wegzugehen …*«

Da sein Nachfolger Kurt Sanderling wenige Jahre später ein ähnlich vernichtendes Urteil über den Zustand des Musiktheaters formulierte, steht die Glaubwürdigkeit von Suitners folgenden Äußerungen außer Frage: »Er sagte wörtlich, ›die Staatsoper Dresden ist tot, darüber sind sich nicht nur die Fachleute in Dresden im Klaren, sondern auch die leitenden und verantwortlichen Männer in Berlin, bis in das Ministerium hinein …‹«[25] Wo Realismus Tabubruch bedeutete, musste folgende Einschätzung schockieren: »Die Hauptursache für diese, den Traditionen der Dresdner Staatsoper nicht entsprechenden Qualität, sieht er *in der Kaderbesetzung, sowohl was die leitenden Funktionäre des Staatstheaters anbetrifft, als auch einer großen Anzahl von Solisten.*«[26] Lösten sich die Besetzungsfragen in Berlin fast von selbst, weil dort bald alle Spitzenkräfte der DDR engagiert waren, so würde er mit dem folgenden Problem auch weiterhin zu ringen haben: »Die Qualität der Regisseure entspreche keinesfalls den Anforderungen, und er legte den Widerspruch zu den Spitzenleistungen der Staatskapelle und dem unbefriedigenden Niveau der Inszenierungen des Opernensembles dar.«[27] Dass Suitner sich in diesem Gespräch als freier Bürger und nicht als Untertan fühlte, wurde bereits angedeutet: »Er kann in seiner ganzen künstlerischen Laufbahn nicht ein einziges Haus nennen, an dem so viele Leute … umsonst bezahlt werden … ›Ihr müsst in der DDR ja sehr reich sein, wenn Ihr Euer Geld so zum Fenster hinaus werft.‹«[28] Auch zum fehlenden Leistungsprinzip hält der Protokollant noch ein schönes Bonmot Suitners bereit – wie gut, dass es sich mit dessen Erinnerungen deckt: »Ihr wollt doch Revolutionäre sein, warum habt Ihr in solchen Fällen eine unverzeihliche Langmut und Geduld …?«[29] Am Ende der mitunter hitzigen Aussprache ist noch ein persönlicher Wunsch festgehalten: »Er bat mich zum Schluss noch, mich für die Wohnungsangelegenheiten eines katholischen Pfarrers des Pfarramtes Dresden Weißer Hirsch einzusetzen.«[30]

An seiner Religiosität ließ der prominente Künstler nie einen Zweifel. Nicht erst seit ihm Papst Paul VI. den Commendatore-Titel verlieh, bedurfte seine weltanschauliche Haltung keines Kommentars. Wenig Freude dürfte der Staatsmacht bereitet haben, als sie durch gewisse unvermeidliche Kanäle erfuhr, wofür der Nationalpreisträger II. Klasse des Jahres 1963 seine Ehrung verwandte: Wie 19 Jahre später die erstklassige Auszeichnung ging das »Teufelsgeld« an die katholische Kirche. Suitner hatte auf diese Weise sowohl Anteil am Wiederaufbau der Silbermannorgel in der Dresdner Hofkirche wie an der Entscheidung, dass Kapellmitglieder dort wieder Pontifikalämter begleiten konnten. (Es versteht sich von selbst, möchte man hinzufügen, dass dem bereits erwähnten Pfarrer vom Weißen Hirsch ebenfalls geholfen wurde.)

Diese Archivfunde vergegenwärtigen, dass oftmals unleidige politische und soziale Realitäten den Hintergrund künstlerischer Höhenflüge bilden. Konflikte, wie er sie in diesem Zusammenhang in Dresden durchzustehen hatte, konnte Suitner in seinem neuen Lebensabschnitt mit fast gelassener Routine angehen. Auf die Frage, wie sich die Arbeit in Ost und West unterscheide, antwortete er Jahre später in der *Süddeutschen Zeitung*: »In der Bundesrepublik müssen Sie sich mit Kulturausschüssen auseinandersetzen, die wiederum verschiedenen Parteien angehören, mit Stadtparlamenten und so fort. Hier hat man den Vorteil, es nur mit einer Partei zu tun zu haben – so seltsam das klingt, und Sie sehen, ich muss selbst lachen.«[31]

Dass er nun mit 42 Jahren bereits am Ziel seines künstlerischen Werdeganges ankommen war, konnte er nicht erahnen – zu umfangreich waren die Pläne, die er sich für die Zukunft vorgenommen hatte. Gewiss empfand er Stolz darüber, sich an der Staatsoper Unter den Linden als ein Nachfolger von Richard Strauss bezeichnen zu dürfen, der zwischen 1898 und 1920 dort gewirkt hatte; er sah die neue Position trotzdem realistisch. Die Bilanz seines Schrittes von der Elbe an die Spree war weniger eindeutig, als man sie bei flüchtiger Betrachtung einschätzen konnte: Auf der Haben-Seite standen die unvergleichlich besseren materiellen Bedingungen der Berliner Oper wie auch seines eigenen Vertrages; daneben muss von dem Privileg gesprochen werden, in dem nach Entwürfen von Richard Paulick wiedererrichteten Haus Unter den Linden arbeiten zu dürfen – einer im gesamtdeutschen Maßstab historischen Aufbauleistung der DDR. Obwohl es durch originale Knobelsdorff-Motive Authentizität vermittelte, war dieses Theater mit der für damalige Verhältnisse modernsten Bühnentechnik ausgestattet; mithalten konnte nur das 1960 eröffnete Leipziger Opernhaus. In Berlin waren nun endlich alle Stellprobleme im Graben beseitigt, so dass großbesetzte Werke ohne klangliche Zugeständnisse aufgeführt werden konnten. Und schließlich bot das »Schaufenster des Ostens« eben jenes bescheidene Maß an Weltläufigkeit, das er in seinem sächsischen »Tal der Ahnungslosen« so vermisst hatte, wo man bekanntlich nicht einmal Westfernsehen empfangen konnte (ARD = Außer Region Dresden …); Kunstschätze, Architektur und Landschaft hatten dies nicht kompensieren können. Mit der Berufung nach Berlin war auch ein Rollenwechsel im Chor der Kollegen verbunden: Dort rückte in einer imaginären Rangfolge derjenige an die erste Stelle, dem das »1. Haus« der Republik anvertraut war. Welch Glück für andere Dirigenten, dass Suitner etwaigen Machtgelüsten gegenüber immun blieb und dem Nachwuchs auch repräsentative Aufgaben übertrug – eine Situation freilich, die sich ihm selbst 1964 eher mit umgekehrten Vorzeichen präsentierte.

Zum Soll seiner Anfangszeit gehörte, als einer von drei GMDs neben Heinz Fricke und Heinz Rögner, »seinem« Institut neuen Glanz und ein neues, individuelles Profil zu geben.[32] Dabei blieb er jedoch – nur mit dem Zusatz »1. und geschäftsführender« versehen – in ein Leitungsteam integriert, dem ein Intendant voranstand, dessen Durchsetzungskraft er kaum anzweifeln konnte: Hans Pischner. Suitner konnte in einem solchen Umfeld die an ihn gerichteten Erwartungen nur erfüllen, weil ihm seine fachliche Kompetenz und charismatische Ausstrahlung mehr Autorität verliehen, als vertraglich definiert war. Diese günstigen Voraussetzungen waren unverzichtbar für ihn, weil er vor leicht zu unterschätzenden Herausforderungen stand, die sich von den baulichen und finanziellen in Dresden gravierend unterschieden. Bei der Erwartung beispielsweise, er könne mit der Staatskapelle eine internationale Reise- und Aufnahmetätigkeit beginnen, wurde eine entsprechende Tradition vorausgesetzt, die er erst aufbauen musste. Deutlich war in diesem Bereich immer noch die Zäsur zu erkennen, die der Zweite Weltkrieg gesetzt hatte. Um wieviel glücklicher konnten sich da die Dresdner Kapellkollegen schätzen, denen bei westdeutschen Schallplattengesellschaften wie der Deutschen Grammophon ein exzellenter Ruf vorauseilte – man denke nur an Karl Böhms noch in den 50er Jahren entstandene Strauss-Einspielungen. Nach Suitner gingen dort zum Beispiel Sawallisch und Kempe ans Pult, um ganze Zyklen (Schubert – Schumann – Strauss) aufzunehmen. Davon war man hier noch weit entfernt. Insbesondere jenseits des Eisernen Vorhangs galt Berlins ältestes Orchester in erster Linie als Opernorchester; ein historisches Missverständnis, denn die Berliner Kapelle – 1570 gegründet – war nur 22 Jahre jünger als ihr sächsisches Pendant und veranstaltete seit 1842 Sinfoniekonzerte. Eine wiederum historische Aufgabe wartete also auf Otmar Suitner, wenn er die neue Liaison zur festen Bindung reifen lassen wollte. Was dazu notwendig war, ist ein Kapitel für sich – das dritte.

Ein gutes Vorzeichen für Suitners Wunsch nach Dauerhaftigkeit war die Suche nach einem festen Berliner Wohnsitz. Dass er das Haus in der Platanenstraße sogar (vergeblich) kaufen wollte, konnte man als ein weiteres Indiz dafür sehen, dass sich hier jemand – der es nicht musste – aufs Bleiben einrichten wollte. In Niederschönhausen, wo die »Hohen schön hausen« (Wolf Biermann), lag sein Heim in einer bevorzugten Wohnlage: Damit wird nicht auf die nach Wandlitz verzogenen Mitbewohner vom nahen Majakowski-Ring angespielt, sondern auf jene Kollegen, die für seine Arbeit in unterschiedlicher Weise von Bedeutung waren. In fußläufiger Entfernung befanden sich die Grundstücke von Kurt Sanderling und Rolf Reuter, ein Stück weiter das von Heinz Fricke. Schon bevor der Spaziergänger die Schönholzer Heide erreicht, vermitteln ihm die mitunter stattlichen Bäume an den Straßen und in den Gärten ein Gefühl der Ruhe, das heute leider etwas durch Grundstücksteilungen und Verkehrszuwachs geschmälert ist. Wer hier einmal wohnt, zieht nur aus gewichtigen Gründen wieder fort.

Welch bitteren Beigeschmack das Synonym »Pankow« allerdings in den 60er Jahren hatte, wurde Otmar Suitner recht drastisch vor Augen geführt, als er den *Spiegel* vom 25. September 1967 las. Nicht etwa im Kulturteil, sondern in jenem, der dem »investigativen« Journalismus vorbehalten ist, fand er sich unversehens diskreditiert. Unter der Überschrift »Privilegien wie in einem Fürstentum – Reiche

*Das Ehepaar Suitner im Berliner Haus beim Betrachten der Neuaufnahme
von Rossinis* DER BARBIER VON SEVILLA, *um 1966*

und Arme in der DDR« wurde seine Person im Zusammenhang mit
politischen Funktionsträgern genannt, die nicht nur in Bonn als
geächtete Symbole einer Diktatur dienten. Warum westliche Grenz-
gänger prominenten Namens solche Gesellschaft meiden mussten,
bedarf kaum einer Erklärung: »Es gibt eine neue Schicht von reichen
Leuten in der ›DDR‹. Manfred von Ardenne hat ein ›offenes Konto‹,
Karl Eduard von Schnitzler fährt mit Vorliebe teure westliche Autos,
der Ost-Berliner Generalmusikdirektor Suitner hat ein Monatsein-
kommen von etwa 30 000 Ostmark, … Walter Ulbricht und seine
engsten Mitstreiter haben sich ein kostspieliges Villenviertel in
Wandlitz errichtet, umzäunt und bewacht. Das ist die neue Ober-
schicht in Ostdeutschland; … eine Gruppe, die von der übrigen Be-
völkerung abgesondert lebt, in besonderen, exklusiven Wohnvierteln
oder Appartementhäusern, mit eigenen Klubs und Einkaufsmöglich-
keiten und einer Reihe von Privilegien.«[33] Um auch den ganz unbe-

darften Lesern die politische Orientierung zu erleichtern, werden auf der nächsten Seite jeweils die Fotos von Ardenne und Norden sowie von Suitner und Schnitzler nebeneinander gestellt. »Man ist unter sich … und möchte es auch bleiben«, lautet die Bildunterschrift. Selbst wer die verleumderische Intention des Journalisten Joachim Nawrocki[34] sofort erkennt, dürfte über seine Diffamierungskunst staunen – er beherrschte offensichtlich mehr als das kleine ABC des Rufmordes.[35] Abgesehen davon, dass die Fakten nicht stimmen – Suitner hat nie Bezüge in der angegebenen Höhe bekommen – spielt Nawrocki bewusst mit der Desinformiertheit der westdeutschen Öffentlichkeit. Begriffe wie »exklusive Wohnviertel« oder »Appartementhäuser« auf die bescheidenen Anwesen im Nordosten Berlins zu übertragen, ist irreführend und die implizite Gleichsetzung von Pankow mit Wandlitz schlicht Unsinn. Dass die westdeutschen Vorstellungen von Luxus nicht auf die DDR anwendbar waren, gehörte leider erst im Zuge der vermehrten Ost-West-Kontakte durch Willy Brandts Politik nach 1969 zum Allgemeinwissen.

Suitners Heim jedenfalls entsprach weder außen noch innen dem, was in Bildbänden als traute Umgebung berühmter Kollegen abgebildet ist. Dem bis heute unveränderten grauen Putz der Außenfassade entspricht eine Bescheidenheit der Möblierung, die (abgesehen von den zwei Flügeln) in nichts den Wohlstand des Bewohners verrät; dessen Ruf jedoch war in einer schwer zu konkretisierenden Weise beschädigt. Während die Einladungen im internationalen Maßstab rasch zunahmen, wurden diejenigen westdeutscher Orchester zur Rarität – kein Schelm, wer Arges dabei denkt. Es sollte betont werden, dass der Faktor Marktwert hier nicht im Spiel sein konnte, denn mit objektiven Kriterien hatte das weitgehende Ignorieren eines anerkannten Künstlers nichts zu tun. Natürlich gab es im Rechtsstaat Bundesrepublik keinen Erlass, der Auftritte Suitners erschwert oder gar verboten hätte; die Methoden der Ausgrenzung waren hier eben vornehmer.

Unter denen, die sich von solchen Vorurteilen nicht leiten ließen, war die Familie Wagner in Bayreuth, die ihn vier Festspieljahre hintereinander auf den Grünen Hügel einlud. Dort dirigierte er zwischen 1964 und 1967 den Fliegenden Holländer, Tannhäuser und den Ring des Nibelungen und konnte sich somit erstmals zusammen mit den bekanntesten Solisten und Dirigenten präsentie-

Die Sängerin Anja Silja zwischen Otmar Suitner und Wieland Wagner
nach einer Aufführung des FLIEGENDEN HOLLÄNDERS *in Bayreuth, 1965*

© Maurice Jarnoux

André Cluytens, Karl Böhm und Otmar Suitner
in Bayreuth, 1965

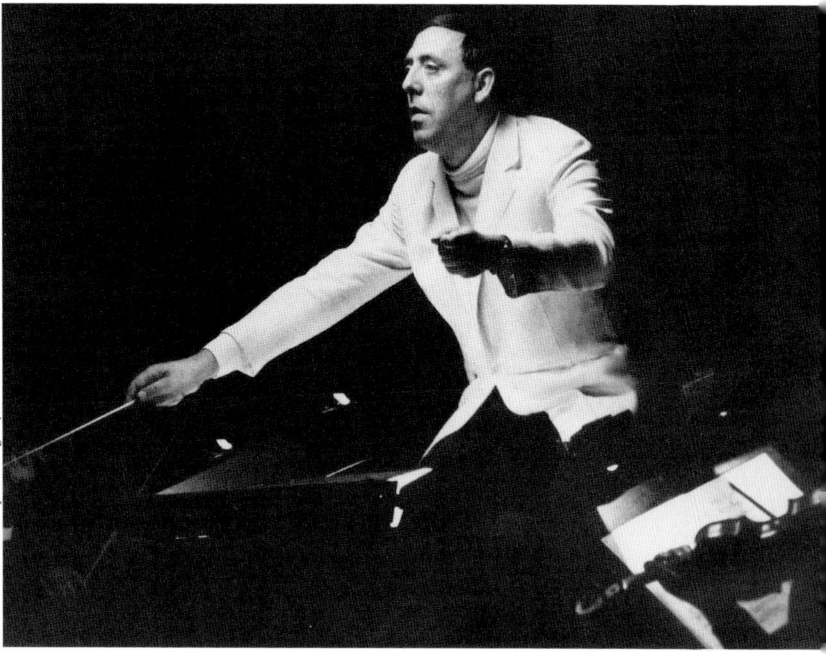

© Wilhelm Rauh/Festspielleitung Bayreuth

Bei den Bayreuther Festspielen, 1966

© Henschel Verlag

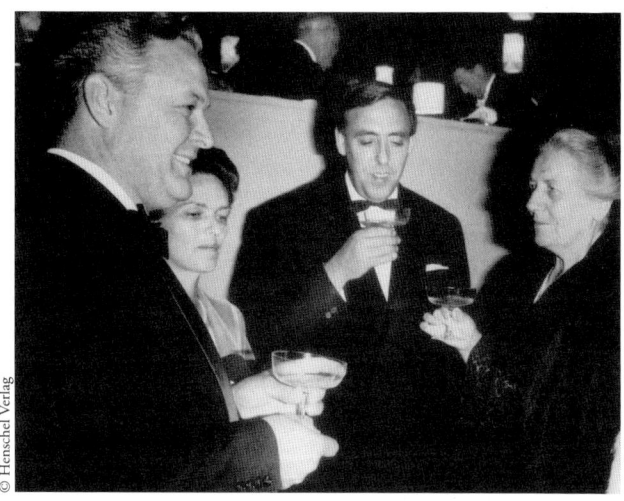

Der Sänger Theo Adam mit dem Ehepaar Suitner und Winifred Wagner in Bayreuth, 1966

ren[36] – einer breiten Öffentlichkeit galt Suitner nun als ein Name, den man sich merken musste. Das vom Hause Wahnfried bewiesene Vertrauen in seine künstlerischen Fähigkeiten war keine Selbstverständlichkeit, hatte er doch erst seit wenigen Jahren regelmäßige Möglichkeiten zur Pflege des »großen« Repertoires, eine Situation, die ihn mit dem (allerdings noch weitaus weniger routinierten) PARSIFAL-Debütanten Pierre Boulez verband. Wie dieser strebte er eine Revision der Aufführungspraxis an, die sich an der szenischen »Entrümpelung« Wieland Wagners orientierte und daher mit schlankem Klang und schnellen Tempi ein Pathos verhindern wollte, das zum Klischee geworden war. »Mein RHEINGOLD war das schnellste«, berichtet Suitner stolz, wenn er auf seine interpretationsgeschichtliche Stellung angesprochen wird. Für seine Hörer ist zu bedauern, dass etwaige Tondokumente »noch bei Wolfgang im Keller schlummern«.

Der Kosmopolit

Auch von seinen künftigen Erfolgen als Wagner-Dirigent kann nur mit Hilfe von Rezensionen eine Ahnung vermittelt werden. Seine Aufführungszyklen an der San Francisco Opera seit 1969 – u. a. der RING mit Windgassen und Nilsson – genossen ein Ansehen, das nur mit den allerersten Bühnen der Welt zu vergleichen war. Neben den enthusiastischen Kritikerworten ist dies auch an den Namen der hier nicht nur bei Gala-Abenden auftretenden Sänger abzulesen. Primadonnen und reiche Sponsoren waren es aber nicht allein, die im Land der unbegrenzten Möglichkeiten für immer neue Superlative sorgten: »An Historic Treasure at the Opera« konnte man über die WALKÜRE-Premiere von 1981 lesen. Dem Dirigenten wurde besonderes Lob bei dieser Aufführung zuteil, die »eigentlich« dem 25-jährigen Bühnenjubiläum Birgit Nilssons und Leonie Rysaneks in den USA gewidmet war: »… The drama, power and famous strokes of theater evolved from the score, proportioned to its course, rather than occurring as sensations and blows, landmarks. With characteristic particularity, Suitner paced the musical drama, shepherding the orchestral and vocal resources, tracing and eliciting the expressive line with unerring instinct and taste. The old-fashioned and wrong bombastic Wagner

Mit Birgit Nilsson und Wolfgang Windgassen
nach einer Aufführung von Wagners Tristan und Isolde
in San Francisco, 1970

gave way to a transparent score …«[37] Besser als bei Robert Commenday lassen sich die Geheimnisse der Suitner'schen Überzeugungs-
kunst wohl nicht beschreiben – ein Resümee dessen, was bislang über
die Qualitäten des gefeierten »Antistars« zu lesen war.[38] Dass der
Wiener Kurier über die Ovationen in der Neuen Welt berichtete,[39]
bedeutete für den gebürtigen Tiroler weniger Genugtuung denn
Rehabilitation. Auf der gleichen Seite wie den Verriss von Zubin
Mehtas Walküre-Premiere an der Staatsoper konnte der geneigte
Leser zur Kenntnis nehmen, dass es bei Suitners Wiederaufnahme
dieses Werkes »insgesamt eine Stunde Applaus und Blumenregen« gegeben habe.

Was man dagegen insbesondere Anfang der 70er Jahre in den
Wiener Feuilletons lesen konnte, schien über einen anderen Dirigenten geschrieben. Selbst angesichts dessen, dass der Gemeinplatz vom
Propheten, der im eigenen Land nichts gilt, nirgendwo so zutrifft wie
in der österreichischen Hauptstadt: Bei Otmar Suitner darf man ge-
trost behaupten, er habe in der Donaustadt seinen Hanslick gefunden. Offenbar besessen von der Vorstellung, seinem Großstadtpubli-
kum einen echten Tiroler Provinztrottel vorführen zu können, ließen
dessen Ausfälle jedes Maß und jeden Anstand vermissen und waren

dazu geeignet, das Ansehen Suitners langfristig zu beschädigen; nach der Lektüre dieser Verrisse steht seine Qualifikation für Oper und Konzert gleichermaßen in Frage. Dass eine Metropole im Chor der Rezensenten immer auch Gegenstimmen enthält,[40] änderte an der Wirkung dieser wiederholt vorgetragenen Fundamentalkritik wenig. Als der Innsbrucker 1971 im Wiener Musikvereinssaal ein Konzert mit Kyung Wha Chung dirigierte, stand beispielsweise im *Kurier am Sonntag* zu lesen: »Wenn Otmar Suitner und die Wiener Symphoniker zeigen, wie man mit Routine und ohne Inspiration gerade noch über die Runden kommt, dann ist das ein verlorener Abend und ärgerlich.«[41] Ein gutes Jahr später derselbe Journalist zu Suitners HOLLÄNDER-Premiere an der Staatsoper: »Eine derart klobige, hemdsärmelige, lärmende und unpräzise Wiedergabe des FLIEGEN-DEN HOLLÄNDER, derart wackelige Kontakte zur Bühne und ein solch fataler Mangel an dynamischer und agogischer Homogenität sind sogar an der Staatsoper selten. Die Musiker taten das, was sie früher manchem Kapellmeister bloß angedroht haben: Sie spielten, wie vor ihnen dirigiert wurde.«[42] Brisant waren die lustvollen Zynismen, weil sie die Störfraktion unter den Zuschauern anheizten. (Vom geistigen Niveau entsprach diese lokale Spezies bestenfalls den Hooligans mancher Fußballvereine.) Mit »Terror in der Oper«[43] und »Störaktionen von nahezu kriminellen Ausmaßen«[44] wurde ein planmäßiges Happening beschrieben, das in lautstarken Provokationen *während* der Opernvorstellungen bestand. Hellhörig sollten freilich die Ausführungen eines weiteren Rezensenten machen: »Die Rede ist ... von Otmar Suitner, dessen erfolgreiche Karriere in Ostdeutschland offensichtlich auf einen Mangel an ernsthafter Konkurrenz zurückzuführen war ...«[45] – hier ist sie wieder, die ideologische Brille aus dem Kalten Krieg.

Als Suitner 1977 den wohl berühmtesten Dirigierlehrer der Donaustadt »beerbte«, war dies in mehrfacher Hinsicht eine Genugtuung. Honoriert wurden nicht allein seine erzieherischen Fähigkeiten, die er bereits 1975–77 mit der Leitung der Dirigierkurse bei der internationalen Sommerakademie des Mozarteums unter Beweis gestellt hatte und 1979 in gleicher Funktion beim XX. internationalen Musiksommer der DDR in Weimar fortsetzte; vielmehr war sein Rang als Dirigent nun auch in Österreich allgemein anerkannt.[46] Die Professur Hans Swarowskys sollte von jemandem wahrgenommen

*Bei einem Dirigierkurs in Weimar, im Hintergrund sein
engster Mitarbeiter Joachim Freyer (3. v. r.), 1979*

werden, dem man zutraute, ebenfalls Schüler wie Claudio Abbado
oder Zubin Mehta hervorzubringen – kein x-beliebiges Pöstchen also
zum »Sammeln« von Assistenten oder Ruhegeldbezügen und Grund
genug, eine Wohnung am Widerhoferplatz zu beziehen.

Begegnete man ihm nun ausgerechnet in Wien mit so viel Wohl-
wollen, sah die Lage in West-Berlin anders aus. Nur wenige Kilometer von seinem Pankower Wohnsitz entfernt galt er bei manchen
Zeitgenossen offenbar immer noch als Fremder, obwohl er 1971 (in
der Philharmonie) und 1975 höchst erfolgreich das Radio-Sym-
phonie-Orchester geleitet hatte. In den Medien war die »Insulaner-
rhetorik« aber bereits so weit in den Hintergrund getreten, dass eine
seriöse Beschäftigung mit der interpretatorischen Leistung Otmar
Suitners stattfand. Da nun nicht länger das Skandalon seines Ost-
Berliner Amtes einseitig thematisiert wurde, konnten sogar ein wenig
verschämt Sympathien geäußert werden: »Der Österreicher Suitner
wäre uns wieder willkommen«, hieß es nach der ALPENSINFONIE im
November 1975. Die zunehmende Unbefangenheit ließ Raum für
sehr kluge und treffende Beurteilungen: »Die Interpretation Otmar
Suitners war vorwärts stürmend, ein rasches, zielstrebiges *Wandern*
von Bild zu Bild. Und gerade dadurch beeindruckend.«[47] Trotz sol-

cher Anerkennung meldeten sich zur gleichen Zeit die Geister der Vergangenheit in ebenso anachronistischer wie erfolgreicher Weise zurück: Weil ihm der Berliner Senat einen Lehrauftrag an der Hochschule der Künste (HdK) erteilen wollte, diffamierte ihn die CDU als »DDR-Funktionär«. Das Presseecho zog weite Kreise, die sogar in der *Tiroler Tageszeitung* Spuren hinterließen: Suitner strebe die ihm angebotene Stelle an, weil er sich Pensionsansprüche in Westwährung sichern müsse.[48] Es spricht nicht für das Niveau der christlich-demokratischen Protagonisten um Hanna-Renata Laurien, wenn erst der CDU-Bundesvorsitzende (und spätere Kanzler) Helmut Kohl dem Treiben ein Ende bereiten konnte. Obwohl Suitner dessen Hilfe in dankbarer Erinnerung behalten hat, benötigte er nicht erst einen Ratschlag aus dem DDR-Kulturministerium, er möge doch politische Verwicklungen vermeiden,[49] um das Wiener Angebot vorzuziehen.

Suitners internationale Karriere gab ihm jetzt mehr denn je die Freiheit und Unabhängigkeit zu arbeiten und zu leben, wo er wollte – Zugeständnisse, die er schon früher abgelehnt hätte, hatte er nun erst recht nicht mehr nötig. Einladungen aus ganz Europa erreichten ihn: In Italien dirigierte er das Orchester der Mailänder Scala, recht häufig das Orchestra dell' Accademia Nazionale di Santa Cecilia in Rom sowie die Rundfunkorchester in Turin und Neapel (»Scarlatti-Orchester« der RAI); in Venedigs Teatro la Fenice leitete er fünf Mal den kompletten RING und während des Maggio Musicale in Florenz DIE MEISTERSINGER VON NÜRNBERG. An seine Zusammenarbeit mit dem Spanischen Nationalorchester sei ebenso erinnert wie an die mit dem Orchestre de Paris oder dem Festival in Aix-en-Provence. Auch die renommiertesten Orchester der Schweiz luden ihn ein; neben dem Orchestre de la Suisse Romande gastierte er beim Tonhalle-Orchester Zürich, mit dem er den Pianisten Arthur Rubinstein begleitete: Im April 1975 stand Brahms' d-Moll-Konzert auf dem Programm – ein unvergesslicher Abend, weil er zu den letzten öffentlichen Auftritten des Virtuosen zählte. In Ermangelung eines Konzertsaals für seine »Berliner Kapelle« wird Suitner gewiss auch die prunkvolle Tonhalle der Limmatstadt genossen haben.

Österreich und vor allem die BRD lagen, wie bereits erwähnt, eher an der Peripherie seiner Reiserouten, doch sei der Objektivität wegen hinzugefügt, dass er in seinem Heimatland auch mit dem Mozarteumorchester Salzburg und dem Niederösterreichischen Tonkünstlerorchester auftrat; jenseits der Alpen banden ihn Kontakte von einer gewissen Stetigkeit an die Münchner Philharmoniker, die er in loser Folge – mehrfach im Herkulessaal der Residenz und im Salzburger Festspielhaus – dirigierte.[50] Mit dem Bayrischen Staatsorchester realisierte er den langgehegten Wunsch, einen Beitrag zur Lortzing-Rezeption auf Schallplatte zu leisten. Als er für EMI die halbvergessene OPERNPROBE einspielte, konnte er mit einem erlesenen Ensemble glänzen, aus dem Walter Berry, Nicolai Gedda und Kari Lövaas hervorragen – »eine Besetzung der Superlative«, wie das *BBC Music Magazine* im April 1996 urteilte.[51]

In der Ära Gielen bot er 1982 mit dem Frankfurter Opernhaus- und Museumsorchester ein Konzert, das seine Vorliebe für ausgefallene Programme verriet: Eingerahmt von Beethovens Violinromanzen op. 40 und 50 (mit Thomas Zehetmair) und dem Violinkonzert in der alternativen Fassung für Klavier waren Bergs Drei Orchesterstücke op. 6 in der neu eröffneten Alten Oper Frankfurt zu hören. An den Opernhäusern in Hamburg und Stuttgart lernte er mit dem Philharmonischen Staatsorchester respektive dem Württembergischen Staatsorchester zwei weitere Traditionsklangkörper kennen, wobei letzterer – 1617 gegründet – zu den ältesten in Deutschland zählt. »Eine weitere Staatskapelle in meinem Leben«, bemerkt der Wahl-Berliner dazu lapidar.

Ein regional festgelegter Künstler war Suitner nicht, so dass er sich auch die Konzertpodien im Norden Europas eroberte. England als traditioneller Orchesterstandort lag bei seinen Prioritäten beinahe am Rande, obwohl er hier gerne an das Royal Liverpool Philharmonic und das London Symphony Orchestra zurückdenkt; mit dem seinerzeit von Claudio Abbados geleiteten Orchester spielte er für CBS/Sony Beethovens Klavierkonzerte 4 und 5 ein, am Flügel: Hiroko Nakamura. Engere Beziehungen als nach Großbritannien knüpfte er im skandinavischen Raum: in Kopenhagen mit der Königlichen Kapelle und dem Sinfonieorchester des Dänischen Rundfunks; in den Hauptstädten Schwedens und Finnlands mit der Royal Stockholm und der Helsinki Philharmonic. 25 Jahre blieb er schließlich Göteborgs Symfonikern verbunden, die mit einigem Recht neben »seiner« Staatskapelle der zweite wichtige Fixpunkt seiner weitgespannten Konzerttätigkeit genannt werden dürfen. Göteborg kann unfreiwilligerweise das Privileg in Anspruch nehmen, 1994 mit Beet-

Vor dem Konzerthaus Göteborg, 1980

hovens EROICA das wohl definitiv letzte Konzert des Jubilars erlebt zu haben.

Dritter und wichtigster Fixpunkt des dirigierenden Kosmopoliten aus Innsbruck war das NHK in Tokio, das japanische Rundfunk-Sinfonieorchester. Suitners Verpflichtungen überstiegen bei weitem die eines Gastes; der Ehrendirigent hatte vielmehr die Bedeutung eines »permanent conductors«: 117 Konzerte leitete er zwischen seinem Debüt am 6. Dezember 1971 und dem Abschied am 23. November 1989. Unschwer lässt sich erkennen, dass diesem Klangkörper unter den zahlreichen renommierten, die hier aufgelistet wurden, eine besondere Bedeutung zukommt. Im Gegensatz zu seinen anderen Top-Orchestern, denen noch das Boston Symphony hinzugefügt werden muss, fand Suitner beim NHK zu einer Stetigkeit des Wirkens, wie es ihm auf sinfonischem Gebiet sonst nur in Europa gelang. Die Zahl seiner Konzerte in Tokio unterschied sich zumal in den letzten Jahren seiner Aktivität wenig von der in Berlin, so dass zu fragen wäre, warum der Nicht-DDR-Bürger Wohnsitz und Anstellung im »Arbeiter- und Bauernstaat« behielt. An Popularität mangelte es ihm im Land der aufgehenden Sonne nicht: In der Video-Edition des NHK steht er in der Reihe »Famous conductors« neben den allerberühmtesten Vertretern seiner Zunft, was bei einer ständig vergleichenden, kritischen Zuhörerschaft schon etwas zu bedeuten hatte. Solisten wie Mischa Maisky und Alexis Weissenberg wurden ihm an die Seite gestellt, weil seine Konzerte eine besondere Aufmerksamkeit bei den Medien

Bei einer Probe mit dem NHK Symphony Orchestra in Tokio, 1971

versprachen. Japans Platten-Label der feinen Klangkultur, DENON, nahm mit ihm und dem NHK Symphony Strauss' HELDENLEBEN sowie Mozart-Sinfonien auf. Nimmt man die häufigen Gastspiele mit »seiner« Kapelle in allen großen Zentren Japans hinzu, ergibt sich das Bild eines der beliebtesten Künstler des Landes. Da sich Suitners Opernengagement in diesen Jahren stark verringerte, wäre ein Lösen seiner Bindungen an der Spree lukrativer und vielleicht auch bequemer für ihn gewesen.

Was ihn hinderte, solchen Gedanken in aller Konsequenz nachzugehen, muss das Gefühl gewesen sein, dass tatsächlich Berlin das Ziel seines Lebensweges sei: »Wem das geschenkt ist, wovon er nie zu träumen gewagt hätte« (Suitner), gibt es nicht ohne zwingenden Grund auf. Bezeichnend in diesem Kontext ist seine Schilderung der Wendezeit 1989/90, die er gleichsam von der »falschen« Seite aus beobachtete. Aus der Perspektive der Verlierer des Einigungsprozesses empfand er keine Häme beim Untergang einer Diktatur, die er nie anders eingeschätzt hatte, als es plötzlich viele taten. Die Periode hektischer Veränderungen löste bei ihm nicht den Wunsch aus, sich ferner von den Sorgen beispielsweise um das Theater- und Orchestersterben in den Neuen Bundesländern zu wissen. Er war schon lange nicht mehr auf der Durchreise, sondern hatte seinen Lebensmittelpunkt gefunden.

III. Der Bund –

26 Jahre Staatskapelle Berlin

Administratives

Ob jemand den »Bund fürs Leben« mit dauerhaftem Glück schließt, ist in künstlerischen Belangen genauso wenig wie im wirklichen Leben planbar. Ungeachtet nützlicher Erfahrungen, muss neben einem Reservoir gemeinsamer Überzeugungen »die Chemie stimmen«, was für gewöhnlich mit der Länge der Bindung umso schwerer zu realisieren ist – dieser irrationale, schwer kalkulierbare Faktor bleibt unvermeidlich. Ein gemeinsames Ziel zu formulieren, etwa in Form ausgedehnter Medienprojekte, hätte auch für Otmar Suitner nicht ausgereicht, um dem gemeinsamen Musizieren einen Sinn zu geben. Materielle Anreize mussten für die Kapellmitglieder ohnehin zweitrangig bleiben; dafür sorgte schon die Vergütungspraxis in der DDR, wo alle Rechte der Ausführenden mit einer Pauschalzahlung abgegolten wurden. War eine Schallplattenfirma aus der westlichen Welt beteiligt, gingen die Valuta-Einnahmen an den Staat. Otmar Suitner hatte diesbezüglich etwas bessere Konditionen, weil ihm als Ausländer ein Vertragsabschluss über die Künstleragentur der DDR nicht vorgeschrieben werden konnte. Die Vertretung seiner geschäftlichen Angelegenheiten oblag weiterhin seinem Manager Friedrich Pasche, dessen Büro sich im eingemauerten Teil Berlins befand. Resultierte aus diesen Freiheiten des Chefs die anhaltende Sympathie seiner Musiker? Skeptisch muss da ein Blick auf die mitunter zähen Verhandlungen stimmen, mit denen Suitner seine Präsenz am Haus sicherte bzw. verlängerte. Seine Unabhängigkeit blieb ein Pyrrhussieg, weil sie ihm nur dann nutzte, wenn er ohne »seine« Kapelle auftrat. Mit zunehmendem künstlerischen Erfolg wuchsen seine Probleme auf diesem Gebiet, was ihm die Mecha-

© Marion Schöne

Sinfoniekonzert mit David Oistrach
in der Berliner Staatsoper, 1965

nismen des »volkseigenen« Musikbetriebes nicht schätzenswerter erscheinen ließ.

Dass es Grenzen gab, gegen die anzurennen sinnlos war, erfuhr Otmar Suitner frühzeitig und zog seine Konsequenzen; der ersten großen Auseinandersetzung seiner Amtszeit folgte erst nach 20 Jahren eine ähnlich gravierende. Bereits seit Dresdner Tagen hatten sich die Auslandsgastspiele zu einer Geduldsprobe für ihn entwickelt: Zuerst stellte die staatliche Monopolagentur seinem damaligen Orchester für einen Auftritt bei den Salzburger Festspielen Franz Konwitschny an die Seite, ein Jahr später sagte sie wegen des Mauerbaus eine Tournee durch die Bundesrepublik ab. Keine bloße Laune also, wenn Suitner in Berlin die Auseinandersetzung suchte, weil er Ähnliches nicht noch einmal dulden wollte. Adressat seines Zornes war der seit 1963 amtierende Intendant, den er vormals in der Funktion des stellvertretenden Kulturministers kennen gelernt hatte. Hans Pischner teilte er seine Kritik ähnlich unverblümt mit, wie er es seinerzeit dem Dresdner Kulturstadtrat gegenüber getan hatte: »Heute … habe ich ein bisschen Luft, um mich von Ihren Briefen, die die Reise der Staatskapelle nach Westdeutschland betreffen, zu erholen. Ich weiß, dass Sie diese Briefe schreiben müssen, und bedaure den gesamten Zustand dieser heiklen Frage deshalb, weil er einen bitteren Wermutstropfen in unsere an und für sich glückliche Zusammenarbeit wirft. Sie werden verstehen, dass ich mich jetzt meiner Haut wehren muss …«[52] Ein schizophren anmutender Streitpunkt harrte hier seiner Lösung, denn die internationale Ausstrahlung eines Künstlers war nur dann für das Ansehen der DDR nützlich, wenn man ihn mit den heimischen Kräften reisen ließ. Ensembles zwischen Ostsee und Erzgebirge konnte dabei die zweifelhafte Ehre zuteil werden, in Westdeutschland bei Konzerten der DKP spielen zu müssen. Suitners Agent war auch deswegen unerwünscht, weil er diese ideologische Bruderhilfe für eine Diasporapartei nicht wichtiger als eine optimale künstlerische Vermarktung nehmen musste.[53] Der Staatskapellenchef ging mit diesem Dilemma auf seine Weise um: Unter Wert ließ er seine Musiker nicht verkaufen, so dass sie mit ihm in einem Vierteljahrhundert nur einmal die innerdeutsche Grenze für ein Gastspiel passierten. In diesem Sinne löste er Konfliktfälle eher mit passivem Widerstand denn mit Ultimaten.

Welchen äußeren Faktoren verdankte er aber das Glück, trotz derart unschöner Vorfälle noch mehr als zwei Jahrzehnte im Amt zu bleiben? Der Intendant reklamiert daran seinen Anteil: »Zu einem bestimmten Zeitpunkt erwiesen sich die Vertragsverhandlungen mit Suitner als recht kompliziert. Die Forderungen, die sein damaliger Agent stellte und die für heutige Verhältnisse gar nicht aus dem Rahmen fallen, fanden beim Ministerium für Kultur keine Gegenliebe. Ich entschloss mich daher zu einem Partisanenstück, indem ich den Vertrag abschloss und als vollendete Tatsache beim Ministerium einreichte. Mein Hinweis auf meine immerhin bereits zwanzigjährige kulturpolitische Tätigkeit sowie darauf, dass ich schon seinerzeit

Konwitschny und Abendroth für den Rundfunk engagiert und damit offensichtlich einen guten Griff bewiesen habe, nützte gar nichts. Mir wurde ein Disziplinierungsverfahren angekündigt. Ich erhielt eine Verwarnung, der Vertrag mit Suitner wurde jedoch akzeptiert.«[54] Tatsächlich ist Hans Pischners Leistung nicht zu unterschätzen, den Spagat zwischen geforderter Linientreue und gebotenem Verantwortungsgefühl für die künstlerische Qualität auszuhalten. Nicht auszudenken, wenn er hier verloren oder nachgegeben hätte – die Ära Suitner wäre ein kurzes Intermezzo geblieben. Obschon Pischners Memoiren – denen die eben zitierte Aussage entnommen ist – noch zu DDR-Zeiten publiziert wurden, ist seiner Schilderung nach Akteneinsicht voll und ganz zuzustimmen. »Der glänzende Cemba-

list, Musikwissenschaftler und sehr kluge Slalom-Taktiker«[55] mochte
manchen Bedrängnissen ausgesetzt sein, hier erwarb er sich unbe-
streitbare Verdienste um die Geschichte des Hauses. Dass er politische Vorgaben nur ausnahmsweise mit Ungehorsam beantworten
konnte, relativiert dieses Urteil nicht. Es war klug kalkuliert, dass die
Bürokratie durch Suitners Unterschrift gebunden war, auch wenn sie
erst nach Bestätigung durch das Kulturministerium Gültigkeit er-
langte. So frühzeitig wie 1966 sollte Suitner nicht noch einmal eine
Vertragsverlängerung unterzeichnen.

Die scheinbar dröge Zahlen- und Paragrafenflut der Verträge: Ein
besserer Indikator für politisches »Wohlgelittensein« und künstlerischen Erfolg dürfte schwer zu finden sein. Was aus einzelnen subjek-

*Das Ehepaar Suitner bei einer Premierenfeier im Apollosaal
mit dem Intendanten Hans Pischner (l.) und dessen Ehefrau, 1965*

tiven Zeugnissen in Wort und Schrift interpretationsbedürftig ist, kann mit kühlem Juristendeutsch verifiziert werden. Welches Glück für Otmar Suitner, dass die Kurve seiner administrativen Kompetenzen genau entgegengesetzt verlief zu der des Bundes mit »seiner herrlichen Kapelle«. Den anfangs mitunter hart durchgreifenden GMD, der ein nach dem Mauerbau teilweise neu gebildetes Orchester auf einen höheren Leistungsstand bringen wollte, sicherte nur ein Zweijahresvertrag – ein Drahtseilakt mit gefährlicher Fallhöhe. Am 27. November 1963 – rund einen Monat nach seinem Dresdner »Schlagabtausch« (Kapitel II) – besiegelte er sein Wirken im Knobelsdorffbau vom 1. August 1964 bis zum 31. Dezember 1966. Bescheiden waren die ausgehandelten Konditionen auch dahingehend, dass der Gehaltszuwachs relativ maßvoll blieb; eine Bewährungssituation offenkundig. Da er diese noch besser als erwartet »bestand« – Bayreuth ließ grüßen –, sah sich Hans Pischner zu dem beschriebenen Zeitdruck genötigt. Nicht sein Arbeitgeber, sondern der Künstler war nun am Zuge, seine Forderungen zu artikulieren. Dem entsprach das

Endresultat, welches seine Bezüge um mehr als 50 Prozent erhöhte. Damit blieb er – es sei hier noch einmal gesagt – weit unter den Verdienstmöglichkeiten von Hamburg oder Düsseldorf, nahm aber in der DDR für geraume Zeit einen Spitzenplatz ein. Warum damit vom Zeitpunkt seiner größten Durchsetzungskraft auf nichtmusikalischem Gebiet gesprochen werden kann, möge die Tatsache seiner fortan unveränderten Gagenhöhe verdeutlichen – bis zum Jahr 1987, dann bezahlte man ihn als Rentner!

Als sein zweiter Vertrag zum 31. Juli 1971 endete, war seine Stellung so gefestigt, dass er sie ruhen lassen konnte. Ein Jahr vor Ablauffrist setzte Otmar Suitner die höchst komfortable Regelung durch, sein festes Arbeitsverhältnis in einen Gastvertrag umzuwandeln. Obwohl ihm bereits 1966 ein »unbefristeter Gastspielurlaub« zugestanden worden war,[56] brauchte er nun noch weniger Rücksichten auf Berlin zu nehmen. Seine Kapelle musste ihn trotzdem nicht entbehren – weder bei Opernpremieren, Anrechtskonzerten noch bei Aufnahmen.[57] Suitners Stärke bestand darin, den Vertrag als juristische »Absegnung« seiner Präsenz nicht zu benötigen: Weil er als Persönlichkeit Autorität genug war, brauchte er diese nicht durch ein Amt verliehen bekommen. Die Sympathie der Staatskapelle zu ihrem geistigen Kopf war bereits nach einem halben Jahrzehnt so unverbrüchlich, dass sie auch durch schleichende Erosionsversuche seitens der Politik nicht gebrochen werden konnte. Getreu dem Spruch »jeder ist ersetzbar« waren alsbald Bemühungen unverkennbar, einen Nachfolger zu installieren, den eines auf jeden Fall auszeichnen musste: die DDR-Staatsbürgerschaft.

Günther Herbig, der sich durch mehr als solche profanen Kriterien qualifizierte, galt als ein möglicher Kandidat. Seit 1966 arbeitete er als ständiger Dirigent des Berliner Sinfonie-Orchesters (BSO) und sollte 1972 GMD der Dresdner Philharmonie werden. Die Staatskapelle Berlin traute man ihm aber auch zu: In seinen Händen lag bereits das Eröffnungskonzert der Spielzeit 1971/72, dem weitere gemeinsame Arbeitsphasen auf dem Podium und im Studio folgen sollten. Nach Suitner ist Herbig derjenige, mit dem die meisten sinfonischen Einspielungen der Kapelle entstanden: Erinnert sei an Haydns Sinfonien Nr. 4–10 (darunter die berühmten »Tageszeiten«-Sinfonien), Mendelssohns SOMMERNACHTSTRAUM, Beethovens komplette Ballettmusik DIE GESCHÖPFE DES PROMETHEUS und sein selten aufgeführtes Ritterballett, aber auch Paul Dessaus Orchestermusik Nr. 4 – eine besondere Ehre, war das Stück doch zum 425-jährigen Bestehen der Dresdner Staatskapelle geschrieben und von dieser 1973 unter der Leitung von Herbert Blomstedt uraufgeführt worden. Trotz Unterstützung durch die Kulturpolitik bedurfte es für Günther Herbig keiner Diskussion, eine Leitungstätigkeit Unter den Linden abzulehnen.[58] Auch wenn man gerne mit ihm musizierte, wie sich der Cellist Horst Krause erinnert, wusste der Umworbene nur allzu gut, dass Otmar Suitner wichtigster Protagonist des Traditionshauses geblieben war. Mit seinem Verzicht hielt Herbig die Nachfolge offen, denn da er ohnehin die Oper gemieden hätte, wäre andernfalls GMD Heinz Fricke nach rund 10 Jahren zur Nr. 1 avanciert – das »Aus« für Suitners Rückkehr.

Herbigs fehlender Machtinstinkt, seine Wertschätzung für den gefeierten Österreicher mussten die verantwortlichen Politiker enttäuschen. Ihre Strategie, durch schnelle Lösung der Personalfragen den freiwillig aus seinem Amt Geschiedenen überflüssig zu machen, scheiterte an der Moral des potenziellen »Erben«. Am 10. Juni 1974 unterzeichnete Suitner schließlich einen Vertrag, der ihn ohne erneute Gagenänderung wieder in das frühere Arbeitsverhältnis aufnahm. Befristet vom 1. August d. J. bis zum 31. Juli 1977[59] – mit anschließender automatischer Verlängerung um jeweils eine Spielzeit –, beinhaltete er erweiterte Kompetenzen, die nun auch klar umrissene Rechte für Programmplanung und Besetzungsfragen der Staatskapellenkonzerte umfassten. Dass Suitner offenbar weitreichende Entscheidungen für seine Lebensplanung getroffen hatte, ließ er 1976 mit seinem Antrag zur »zusätzlichen Altersversorgung der Intelligenz« erkennen. Dies konnte als Signal verstanden werden, Land und Leuten selbst in fernerer Zukunft nicht den Rücken kehren zu wollen. Ob ihm dieser Schritt in seinem Verhältnis zur Obrigkeit von Nutzen war, bleibt dahingestellt. Jedenfalls erscheint es wenig einleuchtend, warum sich seine Verhandlungsposition ausgerechnet in den Jahren seiner größten Erfolge mit dem Top-Ensemble der DDR so immens verschlechterte. Plötzlich waren politischerseits vermehrt Misstöne zu vernehmen, die seine Amtsführung kritisierten.[60] War er nicht bereits in den 70er Jahren ein Vielreisender gewesen? Jetzt wurde seine Internationalität zum Vorwand genommen, seine Einflussmöglichkeiten wieder zu beschneiden. Er war nun für die Konzerte der Kapelle nicht mehr »in Absprache mit dem Intendanten verantwortlich« (1974), sondern »dem Intendanten gegenüber verantwortlich« (1981), eine deutliche Subordination. Neben einigen anderen Streitpunkten gab der am 1. August 1981 in Kraft tretende Vertrag[61] aber Planungssicherheit, da er Otmar Suitner für sechs Jahre an die Staatsoper band.

Einen entwürdigenden Verlauf nahm der Vertragspoker für ihn 1986/87. Auf dem Zenit seines Ruhms in Fernost drohten die Gespräche mehrmals zu scheitern, weil der bald 65-Jährige zum Auslaufmodell erklärt wurde. Wie Kulturminister Hoffmann an seinen Kollegen vom Finanzressort schrieb, sei »das Haus [die Staatsoper] weiterhin an dem internationalen Namen von Prof. Suitner interessiert. … *Ein adäquater Nachfolger ist noch nicht in unmittelbarer Sicht*«[62] – besser war kaum in Worte zu kleiden, dass gewisse Kreise den Interpreten Suitner nicht schätzten und die Nachfolgefrage bereits grundsätzlich entschieden war. Daher war der langjährige Diener seines Hauses nicht mehr in der Lage, mit seiner Verhandlungsstrategie in die Offensive zu gehen. Angesichts derart vollendeter Tatsachen lag sein Rücktritt in greifbarer Nähe.

Seit 1984 amtierte Günter Rimkus als neuer Intendant, der sich jetzt mit einer Aufgabe konfrontiert sah, bei der er nur scheitern konnte. Davor (seit 1953!) als Dramaturg an der Oper tätig und Suitner somit bestens bekannt, geriet er unter forcierten Druck, einen Nachfolger »made in GDR« aufzubauen. Welches diplomatische Geschick hier gefordert war, lässt sich nur erahnen. Drei Anläufe waren nötig, bis der alte/neue GMD seinen Vertrag am 6. August 1987 unterschreiben konnte.[63] Zum spätestmöglichen Zeitpunkt, fünf Tage *nach* dem offiziellen Beginn der Vereinbarungen, endete ein Spießrutenlaufen, aus dem Otmar Suitner als Abrufkandidat hervorging. Auf der Grundlage seiner Altersversorgung erhielt er einen Jahresvertrag mit automatischer Verlängerung, dem in Paragraf 2 die unmissverständliche Klausel beigefügt war, dass er »im Einvernehmen mit dem Intendanten die Institution öffentlich vertreten [müsse,] bis ein Nachfolger berufen ist«. Wäre ihm in dieser Situation die Gefolgschaft seiner Kapelle verweigert worden, hätte er sich nicht in seiner Position halten können. Die ihn hielten, wussten freilich, für wen er solche Behandlung duldete.

Programmatischer Auftakt:
Kammeroper und großes Repertoire

Den außermusikalischen Problemen konnte die gemeinsame Arbeit nur deshalb abgetrotzt werden, weil sich die künstlerische Übereinstimmung als tragfähig erwies. Suitner brachte dabei seine Persönlichkeit und seine große Musikalität ein, weniger ein abstraktes Perfektionsideal oder den Anspruch einer Deutungshoheit über die gesamte Musikgeschichte; seine Repertoirelücken leugnete er nicht. Zu seiner Bescheidenheit und Ehrlichkeit gehört auch, nur solche Partituren zu dirigieren, die er nicht allein technisch bewältigte. Da durch seine Salzburger Studienjahre programmatische Vorlieben ausgeprägt waren, hatte Otmar Suitner Zeit seines Wirkens mit einer interpretatorischen Kategorisierung zu kämpfen, die nicht nur nivellierend wirkte, sondern auch zu Missverständnissen führte. Er selbst sah seine »Domäne« wesentlich nüchterner: »Wenn ich mich in erster Linie (keineswegs ausschließlich) zu den Meistern Mozart, Wagner und Strauss hingezogen fühle, so aus einem einfachen Grund: Hier glaube ich, die mir besonders ›gemäße‹ Empfindungs- und Ausdruckswelt gefunden zu haben.«[64] Auch wohlmeinende Kommentatoren gerieten gelegentlich in die Gefahr, Rangfolgen seiner Lieblingskomponisten zu definieren, was Suitner bis heute ablehnt; dennoch ist Hansjürgen Schäfers zweiseitiges Portrait von 1965 ein vorzügliches Dokument über den Zuspruch, mit dem bereits Suitners erste Spielzeit Unter den Linden aufgenommen wurde.[65]

Epochal war dieser Auftakt deshalb, weil er – von Beginn an persönliche Akzente setzend – einen neuen Abschnitt in der Geschichte der Staatsoper eröffnete. »Die Spezifik [seiner] Operninterpretation« (Schäfer) war bereits anlässlich der ersten Premiere am 20. Februar 1965 unverkennbar: »Der Zugang hierzu erschließt sich dem, der Suitners Interpretation von Così FAN TUTTE (italienisch gesungen) im Apollosaal der Staatsoper erlebt hat. Das Mozart'sche Rezitativ-Parlando erstand hier in all seiner spielerischen Brillanz und Pointiertheit. Der Aufbau des Ensembles erhielt aus dem Musikalischen das dramatische Profil. … In dieser Musik war die Szene förmlich vorgezeichnet.«[66] Wer sich vergegenwärtigt, dass Suitner wenige Jahre zuvor seine Dresdner Così ebenfalls in Kammerbesetzung und

Originalsprache erklingen ließ, nimmt Kontinuitäten wahr. Ein Blick auf den Konzertdirigenten Suitner in Berlin und Tokio belegt ebenfalls, dass er für die Botschaft eines Neubeginns seinen zuverlässigen inneren Kompass hatte – Beliebigkeiten waren nicht im Spiel.

Hinzu kam der Wille zu langfristiger Aufbauarbeit beim Ensemble, der schon mit Mozarts opera buffa zum Ausdruck kam. Gleichfalls im Wortsinne epochal, weil fast über seine ganze Ära gültig, die Besetzung der Neuinszenierung: die auf Suitners Wunsch verpflichtete Celestina Casapietra – jahrzehntelang neben Anna Tomowa-Sintow unangefochtene Primadonna der DDR – in der Rolle der Fiordiligi, ferner Annelies Burmeister als Dorabella, Robert Lauhöfer als Guglielmo, Peter Schreier als Ferrando, Sylvia Geszty als Despina und Theo Adam als Don Alfonso. Neubesetzungen inbegriffen, ging die Inszenierung Erich Alexander Winds mehr als hundert Mal über die Bühne, da sich ihr lebhafter Zuspruch nicht nur in Berlin, sondern auch rund drei Dutzend Mal bei Gastspielen wiederholte. (Dem interessierten Leser sei als Reise in eine lebendige Vergangenheit die Schallplattenaufnahme von ETERNA empfohlen, die bei Berlin Classics auf zwei CDs wiederveröffentlicht wurde. In der erfreulich trockenen und intimen Akustik des Studios Brunnenstraße produziert, vermittelt sie die Authentizität der damaligen Kammeropernaufführung.)

Der neue Stil der Lindenoper blieb aber nicht nur dieser einen Vorliebe Otmar Suitners vorbehalten; wie das »große« Repertoire gleichermaßen von seiner Herangehensweise profitierte, beschrieb Hans-Jochen Irmer anlässlich des Wagner-Zyklus der Deutschen Staatsoper: »Die Mozart- und die Wagner-Einstudierungen erhalten im Musikalischen einheitliches Gepräge durch die Dirigentenpersönlichkeit Otmar Suitners, der sich weder selbstisch den Werken aufdrängt noch selbstlos an die Werke verliert. Suitner findet für Wagner ebenso wie für Mozart einen musikalischen Aufführungsstil, der dem Werk gerecht ist und …[es] für unsere Zeit erschließt. … Wagner wird – wenn diese zugespitzte Formulierung erlaubt ist – durch Mozart geklärt, gereinigt.«[67] Wertvoll sind solche charakteristischen Beobachtungen, weil sie nicht das Ergebnis der langjährigen Zusammenarbeit festhalten, der man Ähnliches immer wieder konstatierte. Otmar Suitner gelang es binnen kürzester Frist, allen Bereichen seines Wirkens eine individuelle Prägung zu verleihen. Dass er dabei wegen begrenzter Etats Wiederaufnahmen des Bayreuther Meisters von fragwürdiger (Regie-)Qualität akzeptieren musste, hinderte seine künstlerischen Entfaltungsmöglichkeiten nicht – aus der allseits beklagten Diskrepanz seines Musizierens mit den Anachronismen auf der Bühne sollte er schon bald Konsequenzen ziehen. Wesentliche Intentionen konnte er trotzdem vermitteln. »LOHENGRIN, glänzender musikalischer Auftakt der Wagner-Reihe, erhält Sinn und Form durch Otmar Suitner, der jede Einzelheit genau ausarbeitet, ohne den Zusammenhang des Ganzen zu verlieren, ein zügiges, durchziehendes Tempo wählt, um alles Schwelgerische und Weihevolle fern zu halten.«[68] Das Systematische dieses Interpretationsverständnisses wird exemplarisch auch in Bezug auf TRISTAN UND ISOLDE sowie den RING hervorgehoben: »Von der musikalischen Gestaltung her ist TRISTAN UND ISOLDE die eindrucksvollste und schönste Aufführung innerhalb der Wagner-Reihe … Otmar Suitner macht das wunderbar polyphone Gewebe der Partitur sichtbar und schafft gewaltige dynamische Steigerungen, in denen von den Sängern das Letzte verlangt wird. … Ludmila Dvořáková und Theo Adam vermögen ihm den stimmlichen Anforderungen nach ganz zu folgen. Wolfgang Windgassen als Tristan offenbart einmal mehr sein meisterliches Können …«[69] Was für eine der Lieblingspartituren des Jubilars galt, erkannte der Rezensent genauso bei Wagners Tetralogie: »Otmar Suitners musikalische Leistung ist gezügelt, maßvoll, auf Vollendung bedacht, verliert sich in keinem Augenblick in romantischer Grenzenlosigkeit.«[70]

Welche anderen Momentaufnahmen aus einem erfolgreichen Vierteljahrhundert sollen in diesem Rahmen gezeigt werden? Da hierbei notwendigerweise Prioritäten gesetzt werden müssen, bleibt der Vorwurf der Subjektivität unausweichlich, denn es gibt keine allgemein verbindlichen Selektionskriterien. Ein Blick auf die Statistik mag das von Suitner und seiner Kapelle Vollbrachte im Zeitraffer verdeutlichen: Von den 29 Premieren des »1. und geschäftsführenden GMD« fanden knapp die Hälfte – nämlich 14 – in seinen ersten acht Berliner Jahren statt.[71] Nach dem Beginn einer intensivierten Reise- und Aufnahmetätigkeit Mitte der 70er Jahre vollzog sich ein Prioritätenwechsel: Je lockerer die Bindungen Suitners an den Opernbetrieb mit seinen Premieren- und erst recht Repertoirevorstellungen wurden, umso intensiver diejenigen zu seiner Kapelle. In der Rückschau erscheint es mir daher legitim, anlässlich des 80. Geburtstages Titel und Konzeption dieses Buches auf seine »herrliche Kapelle« zu beschränken, obwohl sie nur einen Teil seines Verantwortungsbereiches darstellte.

»… die Summe meiner Mitarbeiter«

Dass Suitners Hingabe dem traditionsreichen Kulturinstitut als Ganzem galt, ist genauso unbestritten wie die Selbstverständlichkeit, dass zum Erlebnishorizont der Kapellmusiker das Geschehen auf und hinter der Bühne gehörte. Ohne Anspruch auf Vollständigkeit sei daher auf Ensemblemitglieder verwiesen, die neben der bereits genannten Così-Besetzung für das tagtäglich bewiesene Renommee ihres Hauses standen: Bei den Damen waren das Eva-Maria Bundschuh, Ludmila Dvořáková, Magdalena Hajossyova, Rosemarie Lang, Carola Nossek, Dagmar Pecková, Uta Priew, Gisela Schröter, Ingeborg Springer, Anna Tomowa-Sintow und Ute Trekel-Burckhardt, bei den Herren Eberhard Büchner, Henno Garduhn, Reiner Goldberg, Günther Leib, Siegfried Lorenz, Harald Neukirch, René Pape, Martin Ritzmann, Reiner Süß, Karl-Heinz Stryczek, Roman Trekel, Siegfried Vogel und Ekkehard Wlaschiha.

Zwei hochgeschätzte Ensemblemitglieder übernahmen zusätzliche Verantwortung: Theo Adam setzte die Tradition Erich Wittes fort, dass Sänger der Staatsoper auch inszenieren. Er profilierte sich auf diesem Gebiet nicht nur mit einer Repertoirebandbreite, die von Telemanns SCHULMEISTERKANTATE oder Schuberts DER VIERJÄHRIGE POSTEN bis zu Tschaikowskis EUGEN ONEGIN reichte, sondern arbeitete auch mit Otmar Suitner vom Regiestuhl aus harmonisch zusammen: Mozarts FIGARO (Premiere 30. Juni 1972) und Strauss' CAPRICCIO (17. Februar 1980). Peter Schreier wiederum galt nicht allein als *der* Mozart-Tenor seiner Zeit, sondern wirkte auch als Dirigent von Konzerten und Opernvorstellungen. Seine musikalische Leitung des IDOMENEO (5. Mai 1981) in der Inszenierung von Ruth Berghaus bleibt ebenso unvergessen wie die der IPHIGENIE IN AULIS (14. Juni 1987) oder seine CAPRICCIO-Dirigate. Schreier und Adam kam bei ihren Erkundungen auf ungewohntem Terrain zugute, dass sie sich beide durch intime Vertrautheit mit den Kapellmusikern auszeichne-

Mit dem Sänger Peter Schreier, um 1970

ten, deren Begleitung sie bei manch subtiler Gesangsszene »getragen« hatte. Bei Aufführungen, Proben und Abhörterminen hatten sie reichlich Gelegenheit, das Musizieren der Kapelle aufs Genaueste zu studieren. Ohne Neid bejahte Otmar Suitner ihre exponierten Verpflichtungen, wie er diese auch – als primus inter pares – bei anderen Mitstreitern am Pult unterstützte.

Da er keinen Monopolanspruch auf die Filetstücke des Spielplans erhob, bekam das Wirken der übrigen ständigen Dirigenten ein deutliches Gewicht in der Außendarstellung des Hauses. Heinz Fricke, der im Laufe von drei Jahrzehnten nicht nur in die »große« Oper hineinwuchs, sondern mit eigenen Erfolgen von sich Reden machte (z. B. mit Schostakowitschs DIE NASE), profitierte wohl in erster Linie davon, zumal er darüber hinaus bei etlichen Reisen und Anrechtskonzerten als Exponent des Hauses in Erscheinung treten konnte. Zu den Stützpfeilern des Suitner'schen »Systems« gehörten auch Künstler, die dem Gedächtnis einer breiteren Öffentlichkeit vielleicht weniger präsent sind. Neben Arthur Apelt, Ernst Märzendorfer und dem Clemens-Krauss-Schüler Wolfgang Rennert wäre hier Werner Stolze als Ballettkapellmeister zu nennen. Hartmut Haenchen, bis heute als

Leiter des Kammerorchesters Carl Philipp Emanuel Bach ein Begriff, und Siegfried Kurz – GMD seit 1983 – müssen dagegen kaum fürchten, in Vergessenheit zu geraten. Von dieser Gefahr ist ausgerechnet derjenige betroffen, der nach Aussage Otmar Suitners den unmittelbarsten Anteil an seinen Erfolgen hatte: sein »universeller Berater« Joachim Freyer, der von vielen Orten des Hauses aus für ihn im Hintergrund arbeitete. Der Hochgebildete und -befähigte stellte Eigeninteressen in den Dienst der Sache, mit der er sich identifizierte; Suitners Amtsabschied fiel mit dem seinigen zusammen. Dass er »der beste ARIADNE-Dirigent« (Suitner) gewesen ist, gehört zu den selten gewürdigten Leistungen eines stets in der zweiten Reihe Stehenden.

Zu dieser Gruppe zählten gewiss auch die Korrepetitoren, für die Suitner ob ihrer subalternen Stellung bessere Möglichkeiten der künstlerischen Entfaltung suchte: Wolfgang Hafermalz, Klaus Kirbach, Helmut Oertel und Wolfgang Schieke bezeichnet er als den »wahrscheinlich besten Korrepetitorenstab der Welt«, da es sich um »hochkarätige Persönlichkeiten unterschiedlichster Prägung« handelte. Konnten diese beispielsweise als Klavierbegleiter der zahlreichen Liederabende im Apollosaal ihren wohlverdienten Beifall entgegennehmen, so waren die Möglichkeiten der Chordirektoren, aus dem Hintergrund zu treten, auf ein kurzes Verbeugen beim Schlussapplaus beschränkt. Angesichts des hohen Niveaus ihrer auch auf Schallplatten zu bewundernden Einstudierungen ist es Otmar Suitner eine Freude, Siegfried Voelkel, Ernst Stoy und Kurt Wendland hier erwähnt zu wissen. Für die Erfolge der Staatskapelle leisteten sie auch im Konzertbereich ihren Beitrag, indem die Chorsänger durch solche Makellosigkeit auffielen, dass sie ohne falsche Bescheidenheit nur mit der Konzertvereinigung Wiener Staatsopernchor verglichen werden können. Sie alle bewegten sich auf dem intellektuellen Fundament, das die Dramaturgen gelegt hatten: Horst Richter für die Konzerte, Manfred Haedler, Sigrid Neef und Walter Rösler als Operndramaturgen. Renate Heitzmann schließlich, die Beraterin für szenische Fragen – und Mutter seines Sohnes Igor – half Suitner den eigenen Standpunkt zu Fragen der Regieästhetik kritisch zu reflektieren.

Ihren Anteil am künstlerischen Gelingen hatten aber natürlich ebenso die nichtkünstlerischen Beschäftigten, weshalb ein kurzer Blick in die Büros gestattet sei. Was das heikle Thema Geld betrifft, das angesichts chronischen Devisenmangels leicht zur Dominante werden konnte, glaubte Otmar Suitner seinen Verwaltungsdirektoren neben ihrer Weisungsgebundenheit auch Interesse für die musikalische (Haupt-)Sache anzumerken; in diesem Sinne hat er Walter Kanakowski – »ein äußerst gescheiter Manipulierer der Finanzen« – und dessen Nachfolger Heinz Sonntag – »ein sehr linientreuer Steuermann für alle Belange des Hauses« – in guter Erinnerung behalten. Am nächsten stand ihm (nicht nur räumlich) sein Sekretariat, da er dort zunächst in Eleonore Koinzer und dann vor allem in Gisela Andersohn mehr als zwei »Vorzimmerdamen« antraf: Seinen Alltag umsorgend, schafften sie die Voraussetzung dafür, dass er sich von diesem entfernen und seiner Kapelle widmen konnte.

Ruth Berghaus und Paul Dessau – neue Formen des Musiktheaters

Weil er die komplexen Strukturen des Staatsopernapparates für seine Ziele nutzbar zu machen wusste, konnte Suitner schon Mitte der 60er Jahre einen seiner wichtigsten Siege auf dem Weg zu nachhaltigen Profilveränderungen erringen. Um der Konkurrenz großer internationaler Bühnen gewachsen zu sein, strebte er im Bereich der Regieästhetik einen Paradigmenwechsel an. Von Wieland Wagner inspiriert, sah er diesbezüglich Unter den Linden ein Mittelmaß, das dem Rang des Hauses nicht gerecht wurde, der offiziellen Vorstellung von Repräsentationskultur aber entsprach. Eine fatale Entwicklungsperspektive für das erste Opernhaus der DDR, denn nur einen Steinwurf weit entfernt genoss Walter Felsenstein Weltruhm für seine Revolutionierung des Musiktheaters. Sein Reservat des Fortschritts ließ die Deutsche Staatsoper zwar nur bei den Inszenierungen zweitrangig erscheinen, der Ruf geistiger Anspruchslosigkeit drohte aber das Haus als Ganzes in Misskredit zu bringen. Mochte die Staatskapelle beispielsweise anlässlich des Wagner-Zyklus von dieser Situation profitieren, weil ihre Spitzenklasse in diesem Kontext noch stärker auffiel, wurden letztendlich auch ihre Interessen tangiert, wenn sie außerhalb des eigenen Grabens mit dem Opernensemble brillieren wollte.

Dass Suitner diesen Problemkreis mit der Verpflichtung von Ruth Berghaus durchbrach, löst heute allgemeine Zustimmung aus – sei-

Bei einer Probe zu Mozarts DON GIOVANNI *mit dem Sänger Siegfried Vogel und der Regisseurin Ruth Berghaus, 1985*

nerzeit polarisierte es. Wollte sich damals niemand dazu bekennen, sind es seit geraumer Zeit etliche, die als erste auf den richtigen Gedanken kamen. Obwohl Otmar Suitner seine Einfälle ungern marktschreierisch verkündet, erhebt er hinsichtlich des Engagements der bedeutenden Regisseurin Anspruch auf Urheberschaft. Tatsächlich legte er den Grundstein für die Opernkarriere der Berghaus, die auf diesem Metier zunächst nur mit Werken ihres Ehemanns Paul Dessau brilliert hatte.[72] In den 70er Jahren eine wichtige Garantin der Frankfurter Gielen-Ära, mangelte es zehn Jahre zuvor nicht an kritischen Stimmen, die ihre Eignung in Frage stellten.

Als Antwort auf den »Riesen von der Behrenstraße«, Walter Felsenstein, holte sich Suitner von Hans Pischner das Placet, seine Favoritin nach einer Vorstellung von Brechts CORIOLAN am Berliner Ensemble anzusprechen. Das Haus am Schiffbauerdamm kannte ihn als Stammgast, da er in Ost-Berlin lieber das Schauspiel als die Oper besuchte. Am Brechttheater lernte er Eckard Schall und Manfred Weckwerth kennen, aber natürlich auch die Prinzipalin Helene Weigel (»eine sehr strenge Frau«), die ihm jene folgenreiche Unterredung mit Ruth Berghaus vermittelte. Neun gemeinsame Premieren in einem Zeitraum von fast 20 Jahren wurden es schließlich, die nun die Chronik der Staatsoper schmücken – mit deren Chefregisseur Erhard Fischer arbeitete der GMD lediglich sieben Mal zusammen.

Das Streben nach Unabhängigkeit war jedoch nicht die vorrangige Motivation, die den musikalischen Leiter Neuland entdecken ließ. Bei allen Unterschieden verband in mit Ruth Berghaus ein schwer zu verbalisierendes Programm ästhetischer Gemeinsamkeiten, vielleicht auch der hintersinnige Humor. Nach ihrer gemeinsamen Ouvertüre mit Dessaus PUNTILA folgte in unregelmäßigen Abständen eine Serie von acht weiteren Stationen: 1967 Strauss' ELEKTRA, 1968 Rossinis BARBIER, 1970 Webers FREISCHÜTZ, 1974 Dessaus EINSTEIN, 1975 Johann Strauß' FLEDERMAUS, 1979 Wagners RHEINGOLD und Dessaus LEONCE UND LENA sowie 1985 Mozarts DON GIOVANNI.

Gerade da, wo die Bühne polarisierte, zogen die Musiker ihren Nutzen davon, auch in dem Sinne, dass der BARBIER VON SEVILLA nach nunmehr 33 Jahren immer noch auf dem Spielplan steht. Wo sich die Kritik allzu sehr gegen Berghaus' Übertragung von Prinzipien des epischen Theaters auf die Oper sträubte, weil sie diese als kulinarisches Genre begriff, erhielt die Musik ein Extralob als »Trostpflaster«.[73] Die Solidarität der Kapellmitglieder schwand auch nach Rückschlägen nicht, als beispielsweise ELEKTRA schon nach wenigen Vorstellungen abgesetzt werden musste. Das Bühnengeschehen – auf den engen Raum eines blutüberströmten Holzpodestes konzentriert – habe nicht den Vorstellungen entsprochen, die man im DDR-Sozialismus von »bürgerlicher Kunst« hatte, meint der Cellist Horst Krause. Anders als der große B. B. in seinem KLEINEN ORGANON bestimmt hatte, galt die Abkehr von der Identifikation mit den Darstellern als »Formalismus«.[74]

Weil die Berghaus zwölf Jahre später, 1979, mit dem Vorabend aus Richard Wagners Tetralogie immer noch die gleichen Dogmen verletzte, wurde die Staatskapelle um die Fortführung des RINGS gebracht. Der Protest gegen ihre Werkdeutung bot den politischen Richtlinienbewahrern eine ideale Handhabe, um die Regisseurin von einem derart prominenten Vorhaben entbinden zu lassen. Zwar blieb sie der Staatsoper mit Otmar Suitner und anderen Dirigenten erhalten, aber DIE WALKÜRE, SIEGFRIED und GÖTTERDÄMMERUNG gab es hier erst nach eineinhalb Jahrzehnten Verspätung in der Inszenierung von Harry Kupfer zu sehen.[75] Dass ideologische Verbohrtheit hüben

und geistige Trägheit drüben merkwürdige Allianzen eingehen können, bewies das Presseecho zum RHEINGOLD. Selbst die *Süddeutsche
Zeitung* spottete über die wuchernden Stoffdekorationen, es handele
sich um die »Haute Couture der Brecht-Gardine«. Inwiefern die Folgen dieser Auseinandersetzungen Suitners Lebensplanung beeinflusst
haben, ist kaum zu überblicken. Jedenfalls wurden seine Bindungen
an die Oper weiter geschwächt.

Durch die Häufigkeit seiner beruflichen Kontakte zu Ruth Berghaus fiel Otmar Suitner das Privileg zu, peu à peu auch private Kontakte mit ihr und ihrem Ehemann Paul Dessau pflegen zu können,
der zu den profiliertesten Komponisten der ehemaligen DDR gehörte. Das Zeuthener Heim der beiden war Zentrum eines Freundes-
und Schülerkreises, zu dessen Kern unter anderem die Dirigenten
Herbert Kegel, Max Pommer und der hier Portraitierte zählten.[76]
Suitner leitete die Uraufführungen von drei Dessau-Opern (PUNTILA
1966, EINSTEIN 1974 und LEONCE UND LENA 1979), denen sich
Schallplattenaufnahmen unter seiner Leitung (mit Ausnahme des

© Marion Schöne

Anlässlich eines Gastspiels der Oper EINSTEIN *von Paul Dessau in Florenz:
der Komponist, seine Ehefrau Ruth Berghaus, der Sänger Theo Adam und
Otmar Suitner, 1976*

Puntila) anschlossen. Feierte ein Dessau'sches Opus Premiere, kam dies in Ost und West einem »Event« gleich, bei dem die Spitzen des Ensembles mitwirkten (z. B. Theo Adam als Einstein) und für internationales Medienecho sorgten (vgl. H. H. Stuckenschmidt in der *Neuen Züricher Zeitung*[77]). Die Kapellmusiker genossen an solchen Abenden ungleich höhere Aufmerksamkeit, als dies bei Ur- und Erstaufführungen gewöhnlich der Fall war.

Otmar Suitner bewies mit seinem Bekenntnis zu Dessau aber noch in anderer Hinsicht Einblick in die Mechanismen der nationalen Kulturpolitik. Dem Zwang, aufgrund seiner exponierten Stellung einen Beitrag zur »sozialistischen Musikkultur« zu leisten, kam er auf diese Weise mit der ihm eigenen charmanten Widerborstigkeit nach. Man sollte ihn diesbezüglich nicht unterschätzen, wenn er sich wortkarg und scheinbar naiv zu solch brisanten Themen äußert. Sein Orchester ist ihm unter den neuen politischen Verhältnissen besonders dankbar für seine künstlerische Unbestechlichkeit, da es unter seiner Stabführung nie zweitklassige Musik mit propagandistischer Intention spielen musste. Dessau hiermit in Verbindung zu bringen, weil er im Spanienkrieg das bekannte Thälmannlied geschaffen hatte, zeugt von Ignoranz oder Dummheit, schlechtestenfalls von beidem – gerade das bundesrepublikanische Deutschland gab in dieser Hinsicht bis in die 70er Jahre ein unrühmliches Bild ab.[78] »Er komponierte mit vollen Kräften gegen Banausentum und ästhetische Barbarei, lieferte meist Anstrengendes und Nachdenkenswertes, wollte, wie auch Eisler, die Höhe der Kunst auf der Höhe der Zeit halten; reich und sinnlich, vielseitig und brauchbar nicht bloß für den Tag«, fasst der Musikwissenschaftler Frank Schneider die Wirkungsabsicht Dessaus zusammen.[79] Dessau halte der real existierenden Gesellschaft den Spiegel vor und bilde diese nicht »schönfärberisch versöhnt« ab. »Eingeengte, bösartig-lächerlich pervertierte Machtverhältnisse« zeigte die am 24. November 1979 uraufgeführte Büchneroper Leonce und Lena, die Suitner besonders schätzt, weil sie sich »Webern'sches Schweben und Mozart'sche Helligkeit, romantische Zartheiten und klassizistischen Charme« erlaubt und »jegliche Aufdringlichkeit autoritärer Gebärden«[80] meidet. Dass im Arbeiter- und Bauernstaat seine Verdienste für Dessau in der Öffentlichkeit marginalisiert wurden,[81] scherte ihn wenig. Bei seinem Ziel, Kapelle und Staatsoper nach vorn zu bringen, gab ihm das Endresultat recht.

Jenseits des Standardrepertoires

Ähnlich bestätigt durfte sich Otmar Suitner bei den Opern fühlen, die er mit Harry Kupfer erarbeitete – beide mit den inzwischen sattsam bekannten Etiketten von Formalismus und bürgerlicher Dekadenz belegt, beide unter seinen größten Erfolgen: DIE FRAU OHNE SCHATTEN (1971) und PARSIFAL (1977). Erstere wird von zahlreichen älteren Staatskapellenmusikern mit den größten Beifallsbekundungen assoziiert, die sie sich vorstellen konnten. Den Problemfall des Schöpferbundes Hofmannsthal/Strauss aufzuführen, gilt als riskante Unternehmung, weil das überaus ambitionierte Werk trotz seiner Länge nicht mit Melodienseeligkeit, Walzerfolgen oder dergleichen tradierten Hörgewohnheiten entgegenkommt. (Selbst im CD-Zeitalter lassen Neuproduktionen auf sich warten, weil die Stars der großen Konzerne allein das Projekt nicht »stemmen« können.) Trotz Harry Kupfers viel gelobter Personenführung, dem faszinierenden (Dreh-)Bühnenbild von Wilfried Werz oder exemplarischen Gesangsleistungen wie die der Färberin Ludmila Dvořákovás konzentrierten sich die Feuilletons daher auf den geistigen Vater[82] des Abends und seine Musiziergemeinschaft: »Solist Nummero Eins: die vierhundertjährige Staatskapelle, die sich an diesem Strauss-Abend ein Fest des Wohlklanges, in dem kammermusikalischen Detail wie im hochdramatischen Espressivo, bereitet. Der Dirigent Otmar Suitner spielt auf diesem erlesenen Instrument wie auf einer Orgel, die Partitur in strenger und klarer Folgerichtigkeit von der Transparenz des ersten Aktes zum Jubelsturm des Finales hineinsteigernd. Er erliegt nicht dem melodischen Übermaß, sondern bändigt den vielschichtigen Musikstrom in Lyrik und Pathos stets mit wachem Ohr und geht mit Strichen äußerst klug und taktvoll um.«[83] – war in der Münchner Zeitschrift *Opernwelt* zu lesen.

Zu den Meriten des Strauss-Experten Suitner gehört nicht nur ein interpretatorischer, sondern auch ein programmatischer Aspekt, denn er widmete sich den Haupt- *und* Nebenwegen im Schaffenskanon des Meisters aus Garmisch. Richard Strauss' und Joseph Gregors bukolische Tragödie DAPHNE erlebte ihre Premiere am 10. Mai 1969 – über drei Jahre vor derjenigen des ROSENKAVALIERS –, was in der Rückschau dem vernachlässigten Werk eine Priorität vor der Neuauflage des Standardrepertoires einräumt. Von der Qualität des unbekannten Strauss ist Suitner nicht nur aus Gründen seiner eigenen Biografie überzeugt, so dass er seiner Kapelle gerne auch bei der Ägyptischen Helena Möglichkeiten zur klanglichen Prachtentfaltung gegeben hätte.

Den massivsten Einsatz für die Durchsetzung eines Werkes hob er sich für den Palestrina von Hans Pfitzner auf, der nicht nur wegen seiner Eichendorff-Kantate Von deutscher Seele mit einer Art Bannfluch belegt war. Dazu hatte der Komponist selbst entschieden beigetragen, als er mit Nazi-Größen wie Hans Frank freundschaftlichen Umgang pflegte. Otmar Suitner, dem man schon beim Parsifal attestiert hatte, er habe den »Mythos musikalisch vermenschlicht«,[84] war getrieben vom Wissen um die Qualität dieses Werkes, wie auch schon Bruno Walter, der Leiter der Uraufführung 1917 – ein Kronzeuge, dem man keine politische Verblendung unterstellen würde. Der Lindenoper-GMD indes scheiterte mit seinem Plan einer szenischen Realisation jahrelang am politischen Widerstand, so dass er das vierstündige Werk zunächst am 30. Mai bzw. 7. Juli 1979 konzertant und in gekürzter Fassung aufführen ließ. Bereits bei diesem ersten von drei Anläufen wurde der Tabubruch anerkennend vermerkt: »Otmar Suitner ist die aufschlussreiche Begegnung mit dem in vielem sicherlich komplizierten … Palestrina zu danken. Er dirigierte das in seinen Dimensionen außergewöhnliche Werk mit klaren Vorstellungen, diskret-gelassen, ohne weihevolles Festtagspathos, nur an den Höhepunkten dramatisch zupackend. Die Staatskapelle zeigte sich den Ausmaßen und Anforderungen glänzend gewachsen, bewies Spannungsvermögen und eine bemerkenswerte Klanggestaltung.«[85] Als die Inszenierung (von Erhard Fischer) dann endlich am ersten Weihnachtsfeiertag des Jahres 1983 Premiere hatte, gab es wieder ein ähnlich klingendes Lob für das Stück und seine Interpreten zu verbuchen. Eine der vierzig Rollen der Partitur war so gewichtig umbesetzt worden, dass die Attraktivität für nicht wenige Hörer noch gesteigert wurde: Peter Schreier übernahm die Titelpartie. Er wirkte auch bei der CD-Produktion mit, die 1986 bzw. 1988 auf der Basis von Mitschnitten im Konzerthaus am Gendarmenmarkt entstand und bei ihrem Erscheinen als Summe der Ära Suitner beschrieben wurde.[86]

Während der Staatskapellenchef bei seinen Bemühungen um weitere Raritäten erfolglos blieb – Lortzing und Marschner musste er auswärts pflegen (Hans Heiling beispielsweise in Frankfurt am

Main) –, kam er ansonsten dem Profil einer *Deutschen* Staatsoper nach. Dass FREISCHÜTZ, FIDELIO und ZAUBERFLÖTE dazu gehörten wie die drei großen Da-Ponte-Opern Mozarts, bedarf keines Kommentars. Außer dem nicht einmal bayreuthwürdigen Frühwerk Richard Wagners hat der Staatskapellenchef dessen gesamtes musikdramatisches Œuvre dirigiert, wobei insbesondere die TRISTAN-Aufführungen »Kultstatus« erhielten. Im dritten Akt seien plötzlich Dinge passiert, die man nicht mehr beschreiben könne, berichten viele Musiker. Es war keine Seltenheit, dass Mitglieder anderer Orchester »muggten«, um mit dabei zu sein.

Für die Universalität des Interpreten Otmar Suitner spricht, dass man ihm solches Ansehen nicht nur beim deutschen Fach entgegenbrachte. War das Slawische mit der VERKAUFTEN BRAUT (immerhin als seine zweite Berliner Premiere) eher eine Randerscheinung, ließ sich dies von seinen Verdi- und Puccini-Aufführungen nicht behaupten. So sehr der intellektuelle, unpathetische Zugang dem bisher Geschilderten entspricht, so wenig nivellierte er die unterschiedlichen Temperamente der Musik. Zur TOSCA schrieb beispielsweise Georg Quander: »Orchestral fand das Werk seine Erfüllung: Noch nie habe ich Puccinis Partitur so hart, so kompromisslos und so wenig parfümiert musizieren gehört.«[87]

Als Otmar Suitner am 5. Oktober 1989, ohne es zu ahnen, seine letzte Premiere dirigierte, schloss sich zu seiner ersten ein Lebenskreis: Wieder war es eine Mozart-Aufführung im Apollosaal – DER SCHAUSPIELDIREKTOR –, dem Salieris PRIMA LA MUSICA folgte. Eine Karriere hatte sich auf fast unheimliche Weise vollendet.[88]

Komponierende Zeitgenossen

Zu diesem Fazit hatte die zweite Seite seiner künstlerischen Existenz ihren stetig wachsenden Anteil beigetragen. Prinzipientreue und hohes künstlerisches Ethos kennzeichneten auch Suitners Leistungen auf dem Gebiet der Sinfonik, der er in seinem Arbeitspensum immer einen eigenständigen Wert beimaß; schnell noch ein paar Konzerte »mitnehmen« lehnte er grundsätzlich ab. Programmatisch wie die bereits erwähnte Apollosaal-Così von 1965 war sein erstes Anrechtskonzert als Chefdirigent. Am 11. Oktober 1964 kombinierte er

Bei einer Probe zum ersten Sinfoniekonzert als Chefdirigent der Staatskapelle Berlin mit dem französischen Cellisten Paul Tortelier, 1964

Schönbergs Fünf Orchesterstücke op. 16 mit Schumanns Cellokonzert, Eislers KLEINER SINFONIE und der FEUERVOGEL-SUITE von Strawinsky. Dass er sein Publikum zur Begrüßung mit einem Werk der Zweiten Wiener Schule konfrontierte, geschah nicht aus Zufall, sondern aus Überzeugung. Anders ließe sich nicht verstehen, warum sein Debüt beim NHK rund sieben Jahre später ebenfalls damit begann.[89] Für Otmar Suitner sind die freitonalen Klänge von 1909 kein Weg in den Elfenbeinturm, obwohl sie – am Beginn der Moderne stehend – immer noch einen Bruch in der Musikrezeption breiter Hörerschichten markieren. Deren Vorurteil, es handele sich um die kopflastige Schöpfung eines Intellektuellen, kann er für die Schönberg-Schüler Berg und Webern ebenfalls nicht akzeptieren. Er fühlt sich in einer Art von »innerer Verwandtschaft« zu ihnen hingezogen, weil durch ihre Werke »existentielle Fragen« aufgeworfen werden: »Alles ist klar,

Mit dem Geiger David Oistrach, 1965

geistoffen und human-bezogen. Musik als Bekenntnis zum Guten, zum Menschlichen.«[90] Unter dieser Prämisse wählte er auch das Stück aus, das vom Komponisten der DDR-Nationalhymne stammt. Nachdem Suitner in Dresden mit den ERNSTEN GESÄNGEN Eislers letztes Werk, das sich »sozialistischen Bejahungspflichten entzieht«,[91] uraufgeführt hatte, setzte er sich in Berlin konsequenterweise für die mit der Dodekaphonie experimentierende KLEINE SINFONIE von 1932 ein.[92]

Wie im Bereich der Oper kam er seiner Verpflichtung für die Zeitgenossen nur da nach, wo er sie unter anderen politischen Bedingungen genauso hätte vertreten können. Konzessionen in dieser Hinsicht musste Suitner nur einem »besonders hoch angesehenen« Funktionär gegenüber einräumen, dessen Einfluss er sich kaum entziehen konnte: Ernst Hermann Meyer – ZK-Mitglied, Musikwissenschaftler und

Komponist – war ihm eine Last, die er zur Sicherung anderer Freizügigkeiten der Spielplangestaltung hinnahm. Die Proben zur Uraufführung des Violinkonzerts mit (und für) David Oistrach gerieten aber nicht allein deshalb zur Groteske, weil es sich um »uninspirierte Parteikunst« handelte. Die aufwendig arrangierte Demonstration der deutsch-sowjetischen Freundschaft drohte ausgerechnet deswegen zu scheitern, weil der Vorzeigesolist die ihm zugedachte Rolle erkannte und nicht zur Aufwertung eines »bestenfalls durchschnittlichen« Stückes instrumentalisiert werden wollte. Nachdem er den Schluss-Satz abgelehnt hatte, war Meyer zu einer grundlegenden Revision gezwungen. Suitner sah sich in der glücklichen Lage, bei dieser Auseinandersetzung eine neutrale Position einnehmen zu können; die in diesem Kontext gleichfalls 1965 entstandene Schallplatte darf man zweifellos ein wichtiges Zeitdokument nennen. Dem staatsnahesten (?) aller Tonsetzer im »real existierenden Sozialismus« erwies Suitner nur noch zweimal – 1969 und 1985 – seine Aufmerksamkeit, als er dessen SINFONIE IN B bzw. seine FÜNF LIEDER FÜR MEZZOSOPRAN UND ORCHESTER uraufführte.

Den latenten Zwang, der hinter solchen Bemühungen stand, konnte ein regelmäßiger Suitner-Hörer nicht übersehen. Während Eislers KLEINE SINFONIE über Jahre zu einem Klassiker seines Repertoires avancierte, erlebten Meyers Werke keine Wiederholung unter seiner Leitung. Gerade dies war ihm aber bei komponierenden Zeitgenossen ein wichtiges Anliegen, deren Produkte er unter anderem mit dieser Absicht durchsah. Weit vorne in seiner Aufführungsstatistik steht beispielsweise Paul Dessaus SYMPHONISCHE ADAPTATION des Es-Dur-Quintetts von Mozart (KV 614) für großes Orchester, für die er sich besonders häufig einsetzte – ein subtiler Protest gegen die Vernachlässigung des kammermusikalischen Originals.[93] Dessaus Instrumentation war »eine glänzende Polemik gegen die Vorstellung vom aristokratischen Götterliebling, dem zwar niemand mehr in Worten, umso häufiger jedoch die Interpretationspraxis huldigt.«[94] Nicht nur in diesem Urteil, sondern auch im Bekenntnis zu Arnold Schönberg und dem seriellen Komponieren stimmte Suitner mit seinem Komponistenfreund überein. Dessau betrachtete Schönberg als »unverlierbares Vorbild, dem er verehrend zugetan und kompositorisch verpflichtet blieb auch in Zeiten, da er unter das offizielle formalistische Verdikt fiel.«[95]

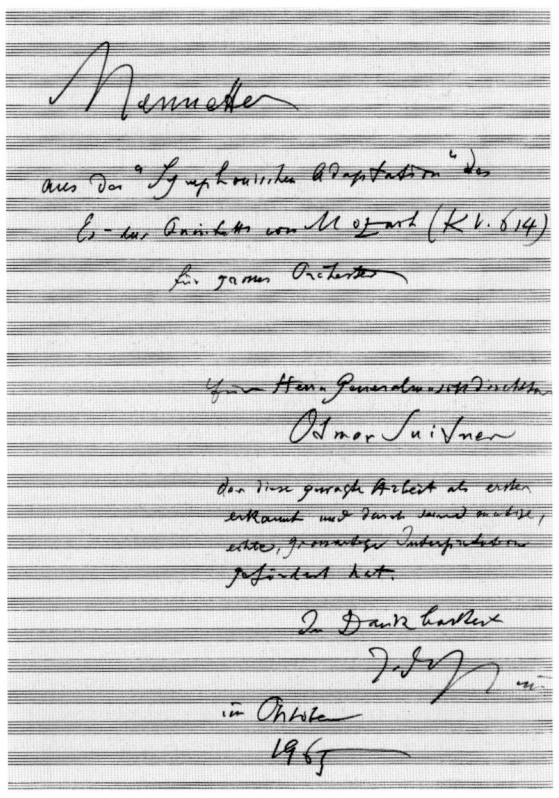

Widmung des Menuettos aus der SYMPHONISCHEN ADAPTATION *des Es-Dur-Quintetts von Mozart (KV 614):* »Für Herrn Generalmusikdirektor Otmar Suitner, der diese gewagte Arbeit als erster erkannt und durch seine mutige, echte, großartige Interpretation gefördert hat. In Dankbarkeit Paul Dessau im Oktober 1965«.

Dass Suitner diese Zusammenhänge durchschaute, bildete die Grundlage einer produktiven und vertrauensvollen Beziehung. Paul Dessau wiederum suchte den Kontakt zum Leiter des größten hauptstädtischen Orchesters nicht aus Berechnung, weil er auf diesem Wege eine Art »composer in residence« wurde, oder – noch banaler –, weil ihm die Berühmtheit aus Österreich geschmeichelt hätte. Von Bonzen und Biermann geschmäht, musste es Dessau als Genugtuung empfinden, wenn sich der Staatskapellenchef neben den Uraufführungen *mehrfach* für sein Orchesterstück IN MEMORIAM BERTOLT BRECHT einsetzte: Dies hatte »eine politische und ästhetische Signalfunktion«[96] für die allmähliche Tolerierung moderner Kompositionstechniken seit der Tauwetterperiode. Lediglich bei Paul Dessaus zweiter Orchestermusik, dem MEER DER STÜRME, entwickelte sich der Uraufführungsdirigent nicht zum »Wiederholungstäter«.

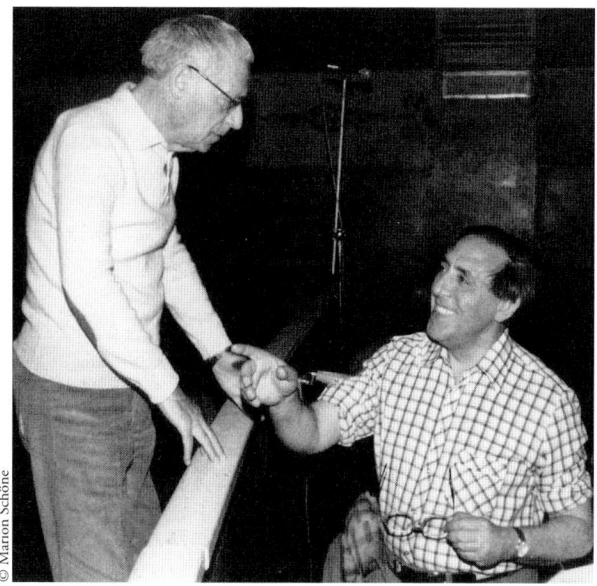

Mit dem Komponisten Paul Dessau bei einer Probe, 1976

Suitner zeigte sich darüber hinaus (in leicht zu übersehender Weise) erkenntlich, indem er seinen Beitrag leistete, die Aktivitäten von Dessaus Schülern zu fördern. Nachdrücklich plädierte er dafür, Friedrich Goldmann als Komponisten und Dirigenten in den Spielplan des Hauses einzubeziehen. In seiner Verantwortung für die Gäste am Pult der Kapelle hatte er entscheidenden Anteil daran, dass Goldmann beispielsweise Mahlers 6. Sinfonie oder Schönbergs Moses und Aron übertragen wurden. Mit Reiner Bredemeyer, Dessaus Meistereleven aus München, sollte ihn schließlich eine besonders intensive Beziehung verbinden, die mit den knapp fünfminütigen, aphoristisch kurzen Bagatellen für B begründet wurde. Nachdem Suitner das Werk am 2. April 1971 in der Staatsoper uraufgeführt hatte, begleitete es ihn – abgesehen vom Aufnahmetermin – bis nach Tokio (NHK Symphony im Dezember 1982) und Zürich (Staatskapelle Berlin, Mai 1986). Bredemeyers »Japandebüt« ist aus zwei Gründen bemerkenswert: Neben der Hartnäckigkeit, dort einen unbekannten Neutöner zu präsentieren, bewies die Programmzusammenstellung musikwissenschaftliche Einblicke und rezeptionsästhetische Sensibilität, folgten der Erstaufführung doch Weberns Orchesterstücke op. 6 und Schuberts »Große« C-Dur-Sinfonie.

Es lag in der Natur der Sache, dass Suitner bei so viel ehrlichem Verlangen nach Identifikation mit dem Dargebotenen nur wenigen Komponisten derart die Treue halten wollte. Daraus zu folgern, die Gegenwartskunst sei für ihn zweitrangig gewesen, wäre reichlich oberflächlichen quantitativen Befunden geschuldet. Drei weitere Stücke dürfen nicht vergessen werden, die von ihm aus der Taufe gehoben wurden. Ján Cikkers Palette für Sinfonieorchester, 1981, ferner Georg Katzers Baukasten für Orchester – am 8. und 9. September 1977 zusammen mit zwei der drei letzten Mozart-Sinfonien – und bereits drei Jahre vorher Manfred Schuberts Canzoni amorosi, die zur Uraufführung und 1987 jeweils einem unterschiedlichen Quartett aus Kapellmusikern Möglichkeiten zur solistischen Entfaltung boten. Bei den Wiederholungskonzerten und bei der Aufführung von Schuberts Cantilena e Capriccio überließ Suitner dem Komponisten selbst den Taktstock, während er (z. B. in Lausanne oder Lyon) das übrige Programm dirigierte. Aus dem Rahmen dieser Aufzählung scheint höchstens Robert Nesslers 1. Sinfonie zu fallen, für deren Aufführung 1966 aber mehr als Tiroler Lokalpatriotismus verantwortlich war.

Dramaturgie der Konzerte

Der Exkurs zur Frage, wie Otmar Suitner es mit der Gegenwartsmusik hielt, korrigiert das Bild vom letztlich doch traditionslastigen Österreicher – ein Trugbild, das bei einer oberflächlichen Betrachtung seiner Operndirigate entstehen könnte. Übertrüge man dieses Klischee auf den Konzertbereich, läge der Gedanke an eine Dominanz des 19. Jahrhunderts mit den »drei großen B's« – Beethoven, Brahms, Bruckner – nahe, vorsichtig erweitert zum 18. und 20. Jahrhundert: Mozart oder Haydn auf der einen und Richard Strauss auf der anderen Seite. Tatsächlich waren diese »Publikumsmagneten« nur in wohldosierter Weise im Spielplan vertreten: Keine der zugkräftigen Tondichtungen wie Ein Heldenleben oder Zarathustra wurde so häufig wiederholt wie beispielsweise Dessaus Mozart-Adaptation. Endete der Abend effektvoll mit den vertrauten Klängen der Sinfonia domestica (10. Februar 1968), hatte er mit Wolfgang Fortners Fantasie über die Tonfolge B–A–C–H und Werner Egks La Ten-

TATION DE SAINT ANTOINE zu Beginn Ungewohntes offeriert. Wie in Tokio und Göteborg setzte er auch in Berlin die ALPENSINFONIE aufs Programm (5. Juli 1974), deren monumentalen Charakter er bestmöglich reduzieren wollte; Suitners Lieblingsstück von Richard Strauss ist vielleicht dessen hintergründigstes: DON QUIXOTE.

Bei den Wiener Klassikern ließ sich eine gewisse Distanz zu den üblicherweise am meisten gespielten Stücken erkennen. Nicht Beethovens 9., sondern Schuberts »Große« C-Dur Sinfonie D 944 rangierte bei den Aufführungszahlen weit vorn. Bei Mozart beschränkte er sich nicht allein auf die sinfonische Trias des Spätwerks oder gar nur die Jupiter-Sinfonie, bei Haydn nicht nur auf die »Paukenschlag«-Sinfonie und ihre Londoner Nachfolger – die Liste ließe sich beliebig erweitern.

Verglichen mit dem Schmalspurrepertoire des heutigen Dirigenten-Jetset ist nicht nur Otmar Suitners eben beschriebenes Verantwortungsgefühl gegenüber der zeitgenössischen Musik, sondern auch gegenüber der des Barock hervorzuheben: Er hat sich unter anderem Bachs Konzert für vier Cembali und Streichorchester a-Moll (4. September 1965), dessen 3. Brandenburgischen Konzert, dem Cembalokonzert d-Moll, BWV 1052 (5. März 1969 in Kairo!) oder dem Magnificat G-Dur BWV 243 (30. November 1973) angenommen – am Cembalo oftmals der Herr Vorgesetzte persönlich, denn der hatte sogar zahlreiche Schallplatten als Cembalist eingespielt. Von Vivaldis Konzert für zwei Violinen, Violoncello und Streichorchester d-Moll RV 565 wird noch an anderer Stelle die Rede sein, weil der Chefdirigent seine Kapellmusiker damit sogar in Japan vorstellte.

Bevor der Sprung zurück ins 20. Jahrhundert ansteht, bleibt auf die Mahler-Pflege zu verweisen, dessen Sinfonien – mit dem Erstling als Priorität – bis zur Nr. 5 erklangen, zusätzlich DAS LIED VON DER ERDE. Für diese Auswahl hält Suitner eine ganz schlichte Erklärung parat: »Die 9. ist das Größte in seinem Schaffen, aber ich bin nicht mehr dazu gekommen.« Verpasste er bei Gustav Mahlers letzter vollendeter Sinfonie die Gelegenheit einer Aufführung, so ergriff er sie bei Franz Schreker: Von dem damals noch Halbvergessenen stellte er das VORSPIEL ZU EINEM DRAMA (16. Mai 1969) und den Liederzyklus VOM EWIGEN LEBEN nach Gedichten von Walt Whitman (11. und 12. Mai 1978) vor. Dass er die lange angestrebte Aufführung einer Schreker-Oper nicht mehr selbst realisieren konnte, gehört zu den wenigen Enttäuschungen seiner Berliner Jahre.[97] (Als Michael Gielen im Oktober 2001 die Proben zu Der ferne Klang leitete, saß der Ehrendirigent selbstverständlich im Zuschauerraum.) Mehrfach erfolgreich widmete sich Suitner ausgerechnet einem gemeinhin recht abschätzig betrachteten Werk[98] – Hindemiths vitales Leben ausstrahlender Sinfonie in Es. Wenigstens mit einer Aufführung wurde an Franz Schmidt erinnert, dessen 4. Sinfonie in der Staatskapellenchronik eine Erstaufführung war.

Von dem Programmplaner Suitner gilt es auch weiterhin zu schwärmen, weil ihm offenkundig die Notwendigkeit bewusst war, tradierte und nicht reflektierte Hörgewohnheiten in Frage zu stellen. Dabei handelte er aber nicht in erster Linie aus didaktischen Motiven, sondern aus der Überzeugung, im Sinne seiner Hörer zu verfahren und nicht gegen sie. Die traditionelle Abfolge Ouvertüre – Solokonzert – (große) Sinfonie wich zunehmend einer innovativen Dramaturgie: Glucks Iphigenie-Ouvertüre wurde mit Richard Strauss' Oboenkonzert, Wagner-Régenys An die Sonne und Bizets C-Dur-Sinfonie zusammengestellt (10. April 1970), Bergs 3 Orchesterstücke op. 6 mit Haydns D-Dur-Cellokonzert, Bredemeyers Bagatellen und Regers Beethoven-Variationen (2. April 1971). Der C-Dur-Sinfonie KV 200 des 18-jährigen Mozart war das Finale eines Konzertes vorbehalten, das mit Webers Oberon-Ouvertüre, Brahms' Violinkonzert und Weberns 6 Orchesterstücken op. 6 begonnen hatte (29. Oktober 1971). Gänzlich irritierend fing der Abend des 15. November 1974 an: Drei Weber-Ouvertüren (Rübezahl, Abu Hassan, Oberon) ersetzten das sinfonische Präludium, danach war Sibelius' Violinkonzert und Joseph Haydns 103. Sinfonie zu hören. Auf die Spitze getrieben wurde das Kontrastprinzip, wenn das schon erwähnte Vivaldi-Konzert mit Bergs Sieben frühen Liedern und Hugo Wolfs Tondichtung Penthesilea kombiniert wurde – so geschehen am 12. und 13. Juni 1980.

Die in unseren Tagen vor allem durch Sir Roger Norrington neu belebte Methode, das für gewöhnlich der spätromantischen Literatur entstammende Schlusswerk an den Anfang zu stellen, praktizierte zwanzig bis dreißig Jahre früher ebenfalls Otmar Suitner, so bei Mahlers erster Sinfonie *vor* Beethovens fünfter (16. März 1973) oder bei Brahms' erster Orchesterserenade op. 11 vor Richard Strauss' erstem Hornkonzert gleicher Opuszahl und Rossinis Tell-Ouvertüre. Ein gewichtiges (Klavier-)Konzert wie das zweite von Brahms erklang nach der Pause, wenn die Musik davor sich weniger zur finalen »Krönung« eignete und keinen Hörer zum Verlassen des Hauses anregen sollte, weil nichts Bekanntes mehr folgte – Repertoirestiefkinder wie Regers KONZERT IM ALTEN STIL und die BALLETTSUITE wurden so der Ignoranz entrissen (8. September 1972). Auch mit philologischer Finesse überforderte der Reformer Unter den Linden seine Zuhörer nicht: Zur Beethovenehrung 1977 wurde die EROICA in ihrer historischen Kontextualität gezeigt, indem man sie nach Cherubinis MEDEA-Ouvertüre und Viottis 22. Violinkonzert spielte. Der intellektuelle Impuls der Konzertdramaturgie nahm mit den Jahren nicht ab, noch 1987 wurde die Provokation (?) gewagt, Sibelius' Violinkonzert »unziemlich« einzurahmen: von Regers Aria O MENSCH BEWEIN' DEIN' SÜNDE GROSS für Streichorchester nach dem Choralvorspiel von Johann Sebastian Bach BWV 622 und Schuberts gern unterschätzter erster Sinfonie. Als ob das hochexpressive Schaustück für Topsolisten nicht phonstarke Spätromantik nach sich ziehen müsste … Aber das Publikum honorierte die Experimente, so dass zur Spielzeit 75/76 ein Wiederholungskonzert eingeführt wurde.

Bei der umfangreichen Palette musikalischer Farben und Stile, die Otmar Suitner immer neu mischte, übte er sich hier und da auch in Verzicht. Ausnahmen bestätigten die Regel, wenn eine Abstinenz bei Französischem und Russischem bescheinigt wird. Dass dennoch Poulencs CONCERT CHAMPÊTRE (übrigens mit Bialas' MEYERBEER-PARAPHRASEN) oder Tschaikowskis Vierter erklangen, ändert an dieser Feststellung nichts. Er habe insbesondere bei der sowjetischen Musik eine »Sperre« empfunden, weil ihr Stellenwert in der DDR auch mit Gründen der Staatsräson zusammenhing. Da Kurt Sanderling Berlin in schöner Folge um maßstabsetzende Schostakowitsch-Aufführungen bereicherte, sah Suitner für eigene Initiativen keine Veranlassung; dafür (und für anderes) gab es bei der Staatskapelle Gäste.

Einige von ihnen sollen hier genannt werden: Herbert Blomstedt, Sergiu Celibidache, Christoph von Dohnányi, Marek Janowski, Igor Markewitsch, Sir Yehudi Menuhin, René Leibowitz, Wolfgang Sawallisch oder Walter Weller, aber auch Jiří Bělohlávek, Arvid und Mariss Jansons, Herbert Kegel, Kyrill Kondrashin, Jan Krenz, David Oistrach (Brahms-Zyklus!), Gennadi Roshdestwenski, Kurt Sanderling oder Juri Simonow. Dazu traten berühmte Komponisten ans

Pult: Benjamin Britten, Werner Egk (Johann Sebastian Bachs Kunst der Fuge), Frank Martin und Witold Lutosławski; Robert Nessler, nicht nur Herrn Suitner zuliebe, sei ebenfalls gedacht – und schließlich noch einigen wenigen der hervorragenden Solisten, sofern sie nicht sowieso aus den Reihen der Staatskapelle kamen: wiederum David Oistrach, Juri Bashmet, Christoph Eschenbach, Wilhelm Kempf, Leonid Kogan, Bruno Leonardo Gelber, Elisabeth Leonskaja, Aurèle Nicolet, Heinz Holliger, Peter Rösel, Annerose Schmidt, Anja Silja, Krystian Zimmermann und und und …

Neben dieser Prominenz nahm das Ansehen des Chefdirigenten beständig zu: »Otmar Suitner hat in seiner Berliner Amtszeit erst einmal die Neunte dirigiert. Wie es diesmal geschah, dokumentiert eine neue Reife; es war auffallend, mit welch äußerer und innerer Disziplin er, kaum je in die Noten blickend, das monumentale Werk vor uns ausbreitete – so klar und wissend, mit beherrschtem Gestus, die Linke nur zur Unterstreichung einzelner Höhepunkte bewegend, haben wir Suitner kaum im Konzertsaal erlebt.«[99] Was war das Geheimnis dieses andauernden Zuspruchs? Eckart Schwinger gab zum 60. Geburtstag Suitners eine vielschichtige Antwort: »Achtzehn Jahre steht er nunmehr als musikalischer Chef des Hauses Unter den Linden an diesem Dirigentenpult, an dem dereinst ein Furtwängler, Karajan und Konwitschny standen, und die Frage liegt nahe, worauf der anhaltende Erfolg des Generalmusikdirektors beruht, was denn den Musizierstil ausmacht des österreichischen Meisterdirigenten mit der großen, kantigen, energiegeladenen Statur, der sich so strikt alle Kapriolen eines eitlen Pultchoreographen versagt? … Heute, da sich eine immer größere Gelassenheit, eine vergnügte Geistigkeit in seinem Dirigieren bemerkbar macht, ist es wohl mehr die innere Überlegenheit, die werkgetreue, konturenscharfe Realisierung der alten und neuen Partituren, das Streben nach einem aufgelichteten, spirituellen Klang, der gerade seiner vielbejubelten Interpretation der Haydn'schen Schöpfung einen überraschend zeitnahen, einen so differenzierten wie eindringlich schönen Ausdrucksgestus verlieh.«[100] Schwingers Fazit war enthusiastisch: »Aus dem überaus herzlichen Beifall nach dieser zum musikalischen Ereignis avancierten Geburtstagsfeier dürfte unschwer der Wunsch nach weiteren Musteraufführungen Suitner'scher Art herauszuhören gewesen sein.«

Der Grandseigneur am Pult

Die Zustimmung bei Presse und Publikum ist freilich noch nicht das einzige Argument für die Orchestermusiker. Bevor sie den applauswürdigen Auftritt erleben, müssen sie ihn teilweise wochenlang vorbereiten. Alltag bedeutet für sie, Musik *und* menschliche Verständigung stets aufs Neue zu proben. Dieser permanenten Bewährungssituation kamen die Sachlichkeit und Selbstzurücknahme Otmar Suitners entgegen. Sowohl die eben zitierte Rezension wie auch Erzählungen vieler Musiker weisen interessante Parallelen zur Beschreibung auf, die der ehemalige Kapellgeiger Sidney S. Bloch (Jg. 1895) von Suitners Mentor Richard Strauss gab: Von allen Dirigenten, unter denen Bloch gespielt habe, sei Strauss der beeindruckendste gewesen, »weil ihm jedes theatralische Benehmen am Pult fehlte, das für viele andere Dirigenten geradezu typisch war. Ein eleganter Grandseigneur, groß und schlank, kommt aufs Podium, macht eine kurze Verbeugung zum Orchester und beginnt. … Er dirigiert mit kleinen, sparsamen Bewegungen. Ein plötzliches piano wird mit einem kleinen Einknicken in den Knien und einer kleinen Bewegung in der linken Hand angedeutet. Man hat niemals den Eindruck eines Stars … Sehr selten, und nur an besonderen Stellen, machte er weite, ausladende Bewegungen, die aber niemals zu gymnastischen Übungen ausarten, wie man sie so oft selbst bei bedeutenden Dirigenten beobachten kann. … Strauss war, wie alle schaffenden Künstler, von Stimmungen abhängig. Wenn er in Geberlaune war, waren seine Aufführungen unvergessliche Höhepunkte …«[101]

Mit Otmar Suitners viel bewunderter Intuition musste es sich ähnlich verhalten haben. Wer frei sein wollte, sich am Abend (auch) von einem inspirativen Moment leiten zu lassen, durfte bei den Vorbereitungen nicht in Reglementierungswut verfallen. Bestimmte Passagen aus Angst vor spieltechnischem Versagen übermäßig zu probieren, würde den Musikern jedwedes emotionale Erleben unmöglich machen. Entfaltete die Aufführung aber einmal nicht die gewohnte Suggestivkraft – was außermusikalische Gründe haben konnte – waren gelegentliche Unsicherheiten möglich.

Perfektion um ihrer selbst willen lehnte Suitner ab, weil er in den Auftritten mehr als das Abrufen antrainierter Leistungen sah. Da möchte man an die Komplimente zurückdenken, die ihm anlässlich

Bei einem Sinfoniekonzert in der Staatsoper, im Vordergrund die beiden ersten Bratschisten Alfred Lipka (r.) und Christoph Auenmüller (l.), um 1968

seiner Verabschiedung gemacht wurden: Gerade wegen dieser Amtsführung sei man so erfolgreich geworden und habe goldene Schallplatten produziert.

Da die notentreue Realisation der Partitur für ein Spitzenorchester ohnehin nicht das entscheidende Probleme ist, war bei den mitunter harten Arbeitsphasen die *geistige Durchdringung* eines Werkes oberstes Ziel – oder anders formuliert: die Teilhabe der Ausführenden an diesem Verstehensprozess. Damit einher ging das Berufsethos des Orchesterleiters, der immer deutlich machte, dass er keinerlei Ansprüche auf Allwissenheit erhob. Ihn als Suchenden zu beschreiben, würde er als Kompliment auffassen, denn im Besitz unanfechtbarer Wahrheiten fühlte er sich nie. Deswegen habe er bis zum letzten Tag Lampenfieber empfunden, beteuert Suitner; die nervöse Spannung, mit der er seinen TRISTAN durchglühte, war ehrlich und nicht »gemacht«.

79

Von seiner ständig im Rampenlicht stehenden Tätigkeit hatte er ein unprätentiöses Bild: »Es mag stimmen, dass das Dirigieren ein attraktiver Beruf ist, bei dem viel nach außen strahlt. Mir geht es in jedem Fall um das Wirken nach innen: um ein Musizieren der höchstmöglichen Übereinstimmung von Geist, Form und Diktion, um ein Dienen im Sinne des Kunstwerks und seines Schöpfers, um das Schöne und Natürliche.«[102] Es ist gewiss kein Zufall, dass Suitners Selbstverständnis als Musiker bis in sprachliche Details hinein auf den von ihm häufig rezitierten Abschnitt aus Stifters Bunten Steinen verweist.[103] Das »ganzheitliche Denken« und die daraus resultierenden Überzeugungen haben dazu beigetragen, dass sich der Dirigent mit solcher Bescheidenheit in sein Ensemble integrieren konnte.

Kapellsolisten und Kammermusiker

Ein Indikator für die gegenseitige Wertschätzung ist auch das Maß, in dem der GMD seine Kapellmusiker mit solistischen Aufgaben betraute. Otmar Suitner war dies während seiner gesamten Berliner Jahre ein großes Anliegen, was bedeutete, dass er mit zwei Generationen von Orchestermitgliedern gleich gute Zusammenarbeit pflegte. Diese fand ihren Ausdruck in mehreren Dutzend gemeinsamer Konzertauftritte – ein erstaunliches Faktum, denn Suitner dirigierte ja teilweise nur zwei bis drei Programme pro Saison. Die auf den vorangegangenen Seiten aufgezählten Top-Solisten gastierten oftmals mit anderen Dirigenten bei der Kapelle, während der jetzige Ehrendirigent von solchen »Importen« nicht abhängig war.

Aus der großen Schar hochqualifizierter und verdienter Kapellsolisten eine Auswahl zu treffen, die den Rahmen dieses Kapitels nicht sprengte, heißt eine kaum vermeidbare Ungerechtigkeit zu begehen. Sind quantitative Argumente ausschlaggebend, fällt der Blick wohl als erstes auf den »Urmusikanten aus Olmütz« – Egon Morbitzer. 1989 verstorben, war er schon vor der Ära Suitner kontinuierlich in die Konzertprogramme der Staatskapelle eingebunden und blieb es bis zu seinem Tode. Unter seinen Favoritstücken waren zwei herausragende Doppelkonzerte – die Sinfonia concertante Es-Dur KV 364 von Wolfgang Amadeus Mozart, die er mit dem Solobratscher Alfred

Feier zum 60. Geburtstag im Pankower Haus der Suitners: Gisela Andersohn, Marita und Otmar Suitner, Horst Richter und Joachim Freyer, 1982

Lipka musizierte, und das Brahms'sche Doppelkonzert für Violine und Violoncello, in dem er neben Ottomar Borwitzky (1967) und seinem Kollegen vom ersten Cellopult, Karl-Heinz Schröter (1985), zu hören war. Morbitzer, dessen herausragendes Merkmal die ungebrochene Präsenz über viele Jahrzehnte war, zog auch das Interesse des VEB Deutsche Schallplatten auf sich, der mit ihm unter anderem Violinsonaten von Edward Grieg produzierte.

Es gab zahlreiche weitere Musiker, die mit ähnlichem Fleiß engagiert waren. Von einem, der bereits seit langem aus dem Orchester ausgeschieden ist, erzählt der Ehrendirigent recht häufig: Karl Suske – manchem Leser vielleicht weniger als Staatskapellenkonzertmeister bekannt wie als Solist einer CD-Einspielung des Beethovenkonzerts mit dem Gewandhausorchester unter Kurt Masur. Den introvertierten Musiker hatte Suitner bereits in Remscheid kennen gelernt, als Suske dort mit dem Gewandhausquartett seines Lehrers Gerhard Bosse gastierte. Als Konzertmeister verließ er 1962 das Eliteorchester der sächsischen Messestadt, um in gleicher Position bei der Staatskapelle Berlin tätig zu sein – ein mutiger Schritt, denn durch die Zäsur des 13. August 1961 befand sich der Klangkörper in einer Umbruchphase. Zahlreiche Musiker aus den Westbezirken hatten ihren ange-

Ausflugslokal Zenner im Treptower Park:
Otmar Suitner lädt seine Kapelle ein, 1982

stammten Arbeitsplatz verlassen, Mitglieder des Rundfunk-Sinfonie-orchesters sollten ihre Stelle einnehmen. Suske trug mit einer Fülle eigener Aktivitäten dazu bei, das Niveau des Musizierens aufrecht-zuerhalten beziehungsweise wiederzuerlangen. Das von ihm gegrün-dete Streichquartett trat bereits 1966 als Preisträger aus dem interna-tionalen Musikwettbewerb in Genf hervor. Viele Musikfreunde werden seine Quartettaufnahmen mit der nach ihm benannten For-mation kennen, an der zusätzlich Klaus Peters, 2. Violine, Karl-Heinz Dommus, Bratsche, und Matthias Pfaender, Violoncello, beteiligt waren. Die komplett erhältlichen Gattungsbeiträge Ludwig van Beet-hovens (7 CDs) und Wolfgang Amadeus Mozarts »Zehn berühmte Streichquartette« (4 CDs; beide Berlin Classics) sind zweifellos auch ein Beitrag zur Leistungsbilanz der Suitner-Jahre in Berlin. Mit ihm spielte Suske Joseph Haydns Violinkonzerte in C- und G-Dur ein, was dem Entstehungsgrund dieser Werke sehr gemäß zu sein schien: Sie verdanken ihre Existenz der Verehrung, die der »Fürstlich Ester-házysche Vice-Capellmeister« seinem Konzertmeister Luigi Tomasini entgegenbrachte, und entsprechen nicht dem Klischee der Solokon-zerte für »Vituosen als Alleinherrscher«.[104] »Suitners Tomasini« als prädestinierten Solisten der Haydn-Konzerte hervorzuheben, darf aber nicht bedeuten, seine künstlerischen Grenzen beschreiben zu wollen; sein Repertoire war weiter gefasst. Vor Suitners Amtsantritt spielte er 1964 Mendelssohns e-Moll-Konzert mit der Staatskapelle unter dem legendären Karel Ančerl. Zahlreiche Auftritte bei Anrechts- und Kammerkonzerten in der Staatsoper folgten. Mit Otmar Suitner musizierte er zweimal Mozarts A-Dur-Konzert KV 219, die Sinfonia concertante von Haydn und spielte Regers Konzert im alten Stil ein (ebenfalls bei Berlin Classics erhältlich). Dass Suske 1977 an das Gewandhausorchester seiner Heimatstadt zurückkehrte, bedauerte der Staatskapellenchef sehr.

Trotz der unterschiedlichen Persönlichkeitsprofile seiner Stimmführer stand Suitner mit allen in gutem Einvernehmen. Zusammenfassend seien daher genannt: der erste Konzertmeister Heinz Schunk mit Tschaikowskis Violinkonzert oder als Duopartner des ersten Konzertmeisters Wolf-Dieter Batzdorf in Bachs Doppelkonzert, Solobratscher Alfred Lipka mit Bartóks Bratschenkonzert oder als Partner des Solocellisten Karl-Heinz Schröter bei Strauss' Don Quixote. Dieser wiederum – ein sehr ambitionierter Konzertierer – spielte die »35 Variationen über ein Thema ritterlichen Charakters« auch mit Solobratscher Manfred Schumann. Schröter gelang es zudem, das Staatskapellenrepertoire mit Pfitzners erstem Cellokonzert um eine Rarität zu bereichern. Matthias Pfaender, im Mai 2001 verstorben, arbeitete sich in Suitners Amtszeit auf den ersten Platz der Cellogruppe vor. Seine vielfältigen Begabungen brachte er nicht zuletzt als Continuospieler ein, aber auch bei Haydns Sinfonia concertante (mit Karl Suske, Violine, Walter Weih, Oboe, sowie Herbert Heilmann, Fagott) oder Vivaldis Konzert für zwei Violinen, Violoncello und Streicher (mit Egon Morbitzer und René Henriot), 1981 sogar in Tokio und Osaka. Soloflötist Manfred Friedrich bewies sein Können ebenfalls in Japan, als er mit der langjährigen BSO-Harfenistin Marion Hofmann Mozarts Doppelkonzert KV 299 spielte, was auf dem heimischen Podium bereits zwei weitere Kapellmitglieder getan hatten: Soloflötist Wilfried Winkelmann und Gyula Dalló, dessen Instrument gewöhnlich eine weibliche Domäne ist. Solo-Oboist Walter Weih trat unter anderem mit dem Strauss-Konzert und Mozarts Sinfonia concertante Es-Dur KV 297b auf, neben der vorne genannten Besetzung auch im Verbund mit dem stellvertretenden Soloklarinettisten Helmut Hofmann, dem 2. Fagottisten Hans-Dieter Seidel und dem Solohornisten Gerhard Meyer, der auch Richard

Sommerkonzert im Kloster Chorin, 1984

Strauss' erstes Hornkonzert blies – ein Bravourstück ersten Ranges, im Gegensatz zu den üblicherweise aus dem Orchester besetzten klassischen Bläsersinfonien.

Am 27. und 28. Oktober 1988 konnte der langjährige Chef letztmalig mit einem seiner Kapellsolisten auftreten: Der junge Soloklarinettist Matthias Glander – den Berlinern inzwischen auch als Kammermusikpartner von Daniel Barenboim bekannt – meisterte seinen Part bei Mozarts Klarinettenkonzert so phänomenal, dass eine Wiederholung bei Suitners Pultrückkehr 1996 geplant war, die leider aus Krankheitsgründen scheiterte.

Unberücksichtigt geblieben ist bisher eine große Anzahl von Musikerpersönlichkeiten, denen – teils durch ihr Instrument bedingt – kaum Gelegenheit zum solistischen Auftritt mit ihrem Chefdirigenten gegeben war, die aber kammermusikalisch in Erscheinung traten. Otmar Suitner förderte mit Nachdruck diese Aktivitäten in der intimen Pracht des Apollosaals, weil er sich davon eine weitere Verfeinerung der Klangkultur versprach. Die Fülle des hier zu Dokumentierenden verdiente ein eigenes Buch, um die Bandbreite des Gebotenen angemessen zu würdigen. Unter den Ensembles sei an dieser Stelle nur auf das *Streichquartett der Deutschen Staatsoper* verwiesen, das *Erben-Quartett*, das *Löwe-Quartett*, das *Berliner Brahms-Trio* und auf die *Bläservereinigung Berlin* mit ihrem »spiritus rector« Hermann Wolfframm – eine gleichsam Musikgeschichte schreibende Institution. Sie bot im repräsentativen Rahmen der Lindenoper ein Forum für zeitgenössische Komponisten, die staatlicherseits mit Ignoranz zu rechnen hatten. Dazu zählte beispielsweise der Dessau-Schüler Jörg Herchet, aber auch Paul-Heinz Dittrich, Friedrich Goldmann oder Georg Katzer. Vergleichbares gab es in der DDR wohl nur mit der *Gruppe für Neue Musik ›Hanns Eisler‹* in Leipzig und dem *Aulos-Trio*, die sich um den Posaunisten Friedrich Schenker bzw. den Oboisten Burkhard Glaetzner formiert hatten. Für die Musik des 20. Jahrhunderts hatte sich darüber hinaus das über viele Jahre aktive *Kammerorchester musica nova* aus den Reihen der Staatskapelle gebildet.

Auch im Aufnahmestudio traf man Kapellmitglieder als Kammermusiker an. Beispielsweise Manfred Friedrich und Matthias Glander (Johann-Strauß-Walzer in der Bearbeitung von Schönberg/Berg/Webern mit dem Berliner Streichquartett), Alfred Lipka, Manfred Schumann (u. a. Bratschensonaten von Schostakowitsch, Britten und Honegger mit Jutta Czapski), Matthias Pfaender (u. a. Händels Neun deutsche Arien mit Arleen Auger) oder den Soloposaunisten Jürgen Heinel, der »Virtuose Posaunenkonzerte der Romantik« unter Leitung von Heinz Fricke aufnahm.

Die Essenz einer erfolgreichen Ära

Dass die meisten Schallplatten wegen ihrer Beliebtheit auf CD überspielt wurden, ist vor dem Hintergrund ihrer Entstehungsbedingungen keine Selbstverständlichkeit. Wenn Musiker der Kapelle in Berlin vor die Mikrofone traten, mussten sie dies in einem wenig geeigneten Provisorium tun, für das vor allem das Fehlen von Alternativen sprach. Bis zum 35. Jahrestag der DDR veranstalteten alle hauptstädtischen Orchester ihre Konzerte in Theatern, deren akustische Bedingungen große Manipulationen am Klangbild erforderlich gemacht hätten. Erst 1984 wurde das Konzerthaus am Gendarmenmarkt[105]

In der Sakristei
der Berliner
Christuskirche
beim Abhören der
Aufnahme von
Schuberts ALFONSO
UND ESTRELLA *mit*
Dietrich Fischer-
Dieskau *(u. r.), 1978*

eröffnet, das Otmar Suitner und seinen Musikern lediglich Heimrecht für ihre Abonnementverpflichtungen bieten konnte. Bei den Aufnahmeterminen teilten sie sich weiterhin mit den anderen Klangkörpern Ost-Berlins einen Sakralraum. Abseits vom Stadtzentrum in einem nicht gerade pittoresken Vorort gelegen, war die Christuskirche Oberschöneweide jahrzehntelang ein gemeinsam benutztes Podium – eine Art »Philharmonie ohne Publikum«. Lächerlich ist diese Begriffsprägung auch deshalb, weil damit das genaue Gegenteil an Saalgröße assoziiert wird, wie die, die tatsächlich vorhanden war. Gotteshäuser, die mehr Platz geboten hätten wie die Golgathakirche in Mitte, mussten vom Produktionschef (und zeitweiligen Orchesterdirektor der Staatskapelle) Dieter Gerhardt Worm schon in der Planungsphase verworfen werden, so dass sich der VEB Deutsche Schallplatten in der Übergangslösung fest einzurichten begann.

Obwohl die kleine Kirche mit üppigem Hall gesegnet war und arge Stellprobleme bereitete, wegen denen zum Beispiel die Pauken unter die Empore geschoben werden mussten, gelangen durch die

Sensibilität der Tonmeister konkurrenzfähige Ergebnisse. Am Ende hatten sie den allgegenwärtigen Defiziten sogar Vorzüge abgewonnen, weil die Akustik technische Eingriffe wie den Nachhall unnötig machte. Wer einen natürlich-unverfälschten Höreindruck sucht, findet ihn hier mitunter eher als anderswo. Selbst eine Monumentalbesetzung wie die von Mahlers 2. Sinfonie – mit auf den Emporen verteilten Chorsängern – konnte letztlich ohne Einbuße aufgezeichnet werden.

Die verschiedenen Phasen der Aufnahmegeschichte hingen jedoch nicht von räumlichen oder technischen Faktoren ab, sondern von der Reisetätigkeit des Orchesters. In der Folge der regelmäßigen Japantourneen seit 1977 und der dadurch rasch zunehmenden Reputation entstanden komplette Zyklen der Sinfonien von Beethoven, Brahms, Dvořák, Schumann und Schubert – der Bruckner gewidmete blieb leider ein Torso. Damit waren die Kapazitäten der Staatskapelle in einem Umfang ausgelastet, dass andere Repertoirebereiche in den Hintergrund traten. Während diese Gesamtausgaben heute im Vordergrund der Diskografie stehen, dominierten in der ersten Hälfte der Ära Suitner Opern, Ariensampler und Musik des 20. Jahrhunderts; Ausnahmen wie Griegs Norwegische Tänze oder die Weber-

In der Sakristei der Berliner Christuskirche
mit seinem Assistenten Joachim Freyer und dem
Aufnahmeleiter Eberhard Geiger (r.), 1986

Ouvertüren bestätigen diese Regel. Insgesamt nahmen sich Otmar Suitners Plattenangebote in den ersten zehn bis fünfzehn Jahren recht bescheiden aus, wenn man sie mit denen von Kollegen vergleicht; das Interesse des ETERNA-Labels vom VEB Deutsche Schallplatten hielt sich in politisch korrekten Grenzen und das westlicher Firmen war noch nicht ausreichend vorhanden oder in Dresden gebunden. Absatzschwache Raritäten wie Hindemiths Sinfonie in Es oder die verdienstvollen Reger-Einspielungen (u.a die Beethoven-Variationen) profitierten davon, da sie später unter die Räder des Komplettierungsideals der Zyklen geraten wären.

Dass dem Musiktheater einmal eine untergeordnete Rolle in der diskografischen Bilanz der Staatskapelle Berlin zukommen würde, nahm der Käufer und Sammler noch bis Anfang der 80er Jahre nicht wahr. Enttäuschen musste ihn aber damals schon, von dem Strauss- und Wagner-Spezialisten Suitner nur sporadische Kostproben genießen zu können. Die FRAU OHNE SCHATTEN-Fantasie – jener Digest, den er auch im Konzert vorstellte, musste die vielleicht am stärksten umjubelte Opernaufführung ersetzen. Was Wagner betrifft gibt es Sängerportraits von René Kollo (Vol. I und II) und Theo Adam sowie »glücklicherweise zudem einen LOHENGRIN-Querschnitt.«[106] (Außergewöhnlich ist bereits das Vorspiel zum 1. Akt mit seinen schnellen Zeitmaßen: Dauert es in der ETERNA-Version 8 Minuten 30 Sekunden, erreichte Suitner im Funkhaus Nalepastraße fünf Jahre zuvor 7 Minuten 20 Sekunden – damit dürfte er den Temporekord erreicht haben.)

Neben den drei Dessau-Opern PUNTILA (unter der Leitung des Komponisten), EINSTEIN sowie LEONCE UND LENA wurden nur noch drei weitere komplett aufgenommen: Rossinis DER BARBIER VON SEVILLA in deutscher Sprache, Mozarts COSÌ FAN TUTTE als italienische Gesamteinspielung und deutscher Querschnitt sowie Schuberts ALFONSO UND ESTRELLA. Musizierte Suitner bei der Così in Apollosaalbesetzung, so konnte er bei den beiden anderen Produktionen (zwischen denen dreizehn Jahre lagen) Hermann Prey mit einbeziehen; bei Schubert gesellten sich noch so populäre Sänger wie Edith Mathis und Dietrich Fischer-Dieskau hinzu.

Ob mit diesen »Stars« zu rechnen war, hing nicht mit dem Niveau des Ensembles zusammen, auf das sie trafen, vielmehr war entscheidend, dass ein Medienkonzern der westlichen Welt beteiligt war. Den interessiertesten fand die Kapelle in der japanischen Firma DENON. Wenn ein gemeinsames Projekt verwirklicht wurde, steuerte sie die seinerzeit wohl modernste Technik bei, während die deutschen Kollegen in der Sakristei der Christuskirche Regler und Knöpfe bedienten. Kam es nicht zu einer solchen Zusammenarbeit, konnte die ETERNA den Absatz auf dem japanischen Markt mit so genannten »DDR-Japan-Ausgaben« sicherstellen. Der Kooperationspartner Tokuma investierte nicht allein in besseres Vinyl, sondern auch in eine elegantere Covergestaltung, die in kunstvoll belichteten Fotos meist den Dirigenten zeigte.

Otmar Suitner schien sich ein Vergnügen daraus zu machen, die Geduld von Produzenten und Ingenieuren zu testen. Was so missverstanden werden konnte, hatte einen nüchtern-pragmatischen Hintergrund. Von der schlechten Entlohnung der Orchester bei Aufnahmen wurde hier bereits gesprochen, wie auch von Suitners Credo des spontanen Musizierens: Aus diesen Gründen gab es keine Sonderproben, sofern sie nicht mit den ersten »Takes« zusammenfielen. Im Gegensatz zu den Aufnahmen Kurt Sanderlings mit dem BSO, die ihre Stringenz gerade dadurch erhalten, dass sie im Zusammenhang mit Konzertaufnahmen stattfanden, ging den Studioterminen unter Suitners Leitung häufig *nicht eine* Probe voraus – Zeitdruck und Leistungsfähigkeit spielten dennoch in idealer Weise zusammen. Gerade bei den frühen, selten gespielten Dvořák-Sinfonien förderte dies ein Moment der Spannung, da die Partituren mitunter noch nie auf dem Programm gestanden hatten. Den Endresultaten merkt man von den Umständen ihrer Entstehung nichts an, die Aufnahmen seien trotz rasanter Tempi »immer mit Perfektion einhergegangen«, vermerkt Bernhard Uske in der Zeitschrift *Fono Forum*.[107] Die Tontechnik musste allerdings immer damit rechnen, dass Otmar Suitner organische Geschlossenheit gegenüber spieltechnischer Korrektheit bevorzugte. Dass er selbst mit manischer Detailversessenheit an den Mischpulten gesessen bzw. immer neue Schnitte gefordert habe, wird von ihm nirgends berichtet. Weil die Klasse der Staatskapelle ein Zurschaustellen von Bravourleistungen überflüssig machte, konnten unter seiner Stabführung die »Inhalte«, die Idiome der Musik in den Mittelpunkt rücken.

Bei Dvořák verstand Suitner darunter eine Abkehr vom Klischee der »Kachelofenwärme«, an deren Platz eine strenge Klassizität treten

sollte: »Verblüffend ist dieser nüchterne Zugang besonders bei spätromantischen Werken, denen eine bestimmte Ausdruckspatina zu-
gewachsen ist.«[108] Von dem Dirigenten Rudolf Vašata (Ehemann des
Ensemblemitglieds Ludmila Dvořáková) erhielt Suitner Phrasie-
rungsempfehlungen, die sich an den Partitureintragungen von Václav
Talich orientierten. Talich, der von 1919–41 die Tschechische Philharmonie geleitet hatte, ist berühmt für seine idiomatischen Wiedergaben; auf ihn beruft sich Otmar Suitner auch bei der Wahl sehr
schneller Tempi und einem weit gehenden Verzicht auf Rubati. Zu
diesem Authentizitätsstreben gehörte ebenfalls, unbekanntere Ouver-

türen wie Mein Heim op. 62 oder Die Hussiten op. 67, vor allem
aber die frühen Sinfonien als vollgültig zu betrachten. Je weiter man
von der neunten zurückgehe, desto schwerer seien die Sinfonien zu
spielen, erklärt Suitner. Beispielhaft geeignet für einen Hörvergleich
scheint mir aber bereits die »Neue Welt«: Wo der langsame Satz in
anderen Aufnahmen durch wogende Klangfluten mit ornamentalem
Englischhorn und einer zerrissenen Tempoarchitektur auffällt, klingt
Suitners gläsern-transparent, fast kühl und in der Dynamik sorgsam
abgestuft. Keine mahlerischen Dekonstruktionsversuche des tradierten Formgefüges werden vorgenommen, sondern eine rationalen

Nachvollzug erleichternde strukturanalytische Herangehensweise. Dvořák rückt in die Nähe von Brahms und dessen »nüchternem Professionalismus«,[109] statt der westeuropäischen Vorstellung von böhmischem Musikantentum zu entsprechen.

Suitners Ansatz in eine durch Kollegennamen vorgeprägte Kategorie einzuordnen erweist sich rasch als wenig Erkenntnis fördernd. Seine individuelle Balance aus Naivität und Intellekt, aus Intuition und Kognition lässt ihn keiner »Schule« verwandt erscheinen. »Neue Sachlichkeit« ist beispielsweise ein Schlagwort, das bestimmte Aspekte des Interpreten Suitner erfasst, bei denen er einem Hans Rosbaud oder Michael Gielen nahe steht. Vor allem die Brahms-Sinfonien lassen aber Bedenken gegen eine solche Klassifizierung aufkommen: In der Adagio-Einleitung zum Finalsatz der ersten erklingt das Choralthema in den Hörnern nach einem Paukenfuror, der neben Suitners Formgefühl seinen Instinkt für theatralische Wirkungen spüren lässt. »Brahms erste Sinfonie ist … höchst bewegt, ohne Nebulositäten, aber mit deutlichen tempo-inszenatorischen Ambitionen, die – große Auf- und Abbauprozesse initiierend – doch immer formbezogen sind und tektonisch höchst bedacht erscheinen.« (Bernhard Uske)[110]

Der dirigierende und komponierende Musikwissenschaftler Gunther Schuller hat die bislang ausführlichste Vergleichsstudie über Interpretationen berühmter Dirigenten vorgelegt und in diesem Koordinatensystem auch Otmar Suitner positioniert. Zur ersten Brahms-Sinfonie resümiert er: »Later remarkable Brahms conductors, more or less in the Toscanini lineage – Reiner, Haitink, Suitner, Skrowaczewski, Carlos Kleiber – are fine representatives of how an inspired, imaginative interpretation can be developed from an exacting reading of the score.«[111] In der Konsequenz solcher Bewertungen ist es nicht abwegig, wenn Schuller in der Suitner'schen Partiturauslegung Bezüge zu den unterschiedlichsten Kollegen entdeckt – das eine Mal zu Furtwängler, das andere Mal zu Norrington.[112] Brahms, den Wahlwiener aus Hamburg, siedelt Suitner in einem norddeutsch-protestantischen Milieu an, was zu einer teilweise etwas schwerblütigen, abgedunkelten Lesart führt; mit Ausnahme des Finales der zweiten Sinfonie dominieren gemessene Tempi und ein ernster Ton. Bei der Wiederveröffentlichung der vier Sinfonien auf CD hob die Kritik hervor, dass Otmar Suitner »nicht im Fahrwasser berüchtigter Tra-

Mit der Berliner Staatskapelle
beim Festival »Prager Frühling« im Smetana-Saal, 1967

ditionen« schwimme. Er musiziere sachlich, Sentimentalitäten seien
seine Sache nicht, und er berücksichtige die Expositionswiederho-
lungen.[113]

Aufschlussreich ist ein Hörvergleich dieser Aufnahmen mit denen
von Brahms' Antipoden Bruckner. Vernimmt man den Ersteren oft
in vergleichsweise gewichtigem Duktus, wird der Meister aus St. Flo-
rian schlanker und frischer musiziert als gewöhnlich. Den zweiten
Satz der Fünften nimmt Otmar Suitner über eine Minute schneller
als Günter Wand in seiner bislang zügigsten Einspielung mit dem
WDR-Sinfonieorchester Köln von 1974, beim Finale der ersten und

vierten Sinfonie ist Ähnliches festzustellen. Die Zeitmaße allein führen aber nicht zum Kern von Suitners Bruckner-Verständnis, das auf einer genauen Kenntnis von dessen Biografie basiert. Zumal in den Scherzi wird ein bisweilen bäurisch-derber, kantiger Gestus herausgearbeitet, in dem der Dirigent Wesentliches von Bruckners Persönlichkeit ausgedrückt sieht. Dazu passt, dass er sich bei der ersten Sinfonie für die so genannte »Linzer Fassung« von 1865/66 entschied und nicht für die 25 Jahre später in Wien entstandene, »die einige der Unregelmäßigkeiten des Scherzos reguliert und Kontraste entschärft …, wodurch der Satz viel von seiner Frische und seinen Überraschungsmomenten verloren hat.«[114] Einen uneingeschränkten Vorrang textkritischer Sorgfalt gegenüber dem emotional für richtig Befundenen lehnt Otmar Suitner ab, was er am Beispiel des berühmten Beckenschlags im Adagio der siebten Sinfonie erklärt: Unabhängig davon, wie man den nachträglichen Partitureintrag »gilt nicht« bewerte, sei der Höhepunkt für die Hörer auf diese Weise besser vermittelt worden. Bedeutenden Kollegen, die ihm in dieser Ansicht vorausgegangen sind, möchte er in ihrem gesamten Interpretationsansatz dennoch nicht folgen. Bei Eugen Jochums Bruckner irritierte ihn die »religiöse Emphase«: »Ist mir zu katholisch«, sagt der überzeugte Katholik Suitner lakonisch. Furtwänglers einzigartige, mithin überrumpelnde Suggestivkraft und seine identifikatorische Hingabe blieb auch für ihn eine singuläre Erscheinung. Anton Bruckner ist für ihn der »Basaltbrocken der Musikgeschichte«, in dessen Musiksprache er einen österreichischen Dialekt genauso wie bei Franz Schubert heraushört.

Einen Schubert-Zyklus zu produzieren forderte auch während des CD-Booms Mut, denn im Allgemeinen wechseln sich zwei bis drei Sinfonien in den Spielplänen ab: die 5., die 7. (früher: 8.) mit dem Beinamen »Unvollendete« und die 8. (9.). Deren Ecksätze beispielsweise werden von Suitner rascher als in den meisten Vergleichsaufnahmen genommen, wodurch Schuberts »kritische Schärfung des Zeitgefühls« (Peter Gülke)[115] erfahrbar wird. Robert Schumanns Diktum von den »himmlischen Längen« kann so nicht missverstanden werden, da es nicht nur zeitliche Ausdehnung, sondern auch formale Besonderheiten beschreibt. Durch den ständig spürbaren drängenden Impuls des Musizierens, der das Verweilen bei schönen Stellen und das Retardieren von Seitenthemen verhindert, wird die

Gesamtkonstruktion des Satzes überschaubarer. Im langsamen Satz wiederum wird der Marschcharakter der Musik nicht nivelliert, das Metrum bleibt da stabil, wo es traditionell immer langsamer wird. Die Gesamtdauer der »Großen« C-Dur-Sinfonie (trotz Beachtung von Wiederholungszeichen) reduziert sich so, wodurch das Stück an Fasslichkeit gewinnt.

Dass Suitner sich dennoch konzeptionell nicht festlegen lässt, zeigt seine mehr als halbstündige Einspielung von Schuberts Gattungserstling. Auch von der Klangtechnik deutlich massiver reproduziert als die späte Sinfonie, verbietet sie jeden Gedanken an ein unausgereiftes Jugendwerk. Gleichweit entfernt von den Aufnahmen Herbert von Karajans, István Kertész' oder Bruno Weils, macht diejenige Suitners deutlich, warum er das vernachlässigte Werk eines 16-Jährigen als Finalstück eines Sinfoniekonzertes auswählte. Kapellmusiker berichten, vor allem für die liedhafte Schlichtheit der langsamen Sätze – z. B. in der 5. Sinfonie oder der ROSAMUNDE-Musik – habe ihr Chef ein natürliches Gespür besessen, das die fragile Musik vor Verkitschung oder Gehetztheit bewahrt habe.

Beim Beethoven-Zyklus waren die Erwartungen von Presse und Publikum verständlicherweise am größten, ob denn die x-te Neuproduktion »up to date« sei. Angesichts prominenter Konkurrenten braucht jedes neue Interpretationsangebot besonders sorgfältige Vorbereitung auch des oft Gespielten. Über den Stand der Beethoven-Forschung und deren praktische Umsetzung beriet sich Suitner mit Frau Dr. Ortrun Landmann, die heute an der Sächsischen Landesbibliothek in Dresden tätig ist. Konsequenzen ergaben sich nicht nur für die Tempi durch zunehmende Beachtung der originalen Metronomangaben, sondern auch für das Klangbild durch schärfere Sforzati und kleinere Besetzungen. Der Aufwand wurde honoriert: »Der Dirigent dieser (etwa dreißigsten) Aufnahme von Beethovens EROICA hält sich genau an die Partitur. Die Exposition des ersten Satzes wird wiederholt, was die Verhältnisse dieses Satzes, vor allem angesichts der ausladenden Durchführung, ins rechte Lot bringt. … Außerdem hält sich Otmar Suitner am Schluss des ersten Satzes beim Erklingen des Kopfmotivs (T. 622–55) an die originale Instrumentierung, also ohne das plakative und knallige Herausstellen des Motivs durch die Trompeten, wie das vorher auf Schallplatte meines Wissens nur Erich Kleiber einmal getan hat.« (Reinhard Müller)[116]

Vor dem Hintergrund solcher Meriten ist es umso bedauerlicher, dass diese Aufnahme – wie viele der von DENON produzierten – aus den Katalogen gestrichen wurden. Dieses Schicksal teilt die philologisch wertvolle Ersteinspielung der Urfassung von Schumanns FRÜHLINGSSINFONIE. Da sie nicht nur für Fans des Dirigenten von Interesse ist, bleibt nur auf eine baldige Wiederveröffentlichung zu hoffen. Während das Label Berlin Classics zum 80. Geburtstag Dokumente aus mehr als zwei Jahrzehnten anbietet, sind bei den Japanern nicht einmal mehr die zuletzt erschienenen CDs mit Brahms' UNGARISCHEN TÄNZEN und Mozarts HAFFNER-SERENADE (Solist: Wolf-Dieter Batzdorf) erhältlich; mit qualitativen Gründen hängt dies nicht zusammen. Bei Mahlers 2. und 5. Sinfonie bietet der Tonträgermarkt eine schier erdrückende Konkurrenz, gegenüber der die Otmar Suitner und die Staatskapelle Berlin mit ihrem »deutschen Klang« ein individuelles Profil bewahren – den Hörer erwartet keine zirzensische Orchestervirtuosität im Breitwandsound. 1991, so wird berichtet, habe ein Musiker dem designierten Generalmusikdirektor Barenboim die Aufnahme von Bruckners 8. unter Suitners Leitung geschenkt – ein weiteres Motiv zur Vertragsunterzeichnung?

Die Staatskapelle wurde durch den Erfolg ihrer Platten vermehrt als eigenständiger Faktor des Traditionshauses wahrgenommen, in dem sie beheimatet ist. Auch für ein Orchester, das 1995 den 425. Jahrestag seiner Gründung begehen durfte, war damit ein wichtiges Stück Emanzipation erreicht. Im heutigen Kulturbetrieb gehören dazu mediale Präsenz und solche auf den international wichtigen Konzertpodien. Ziel musste daher sein, nicht als ein Opernorchester zu gelten, das nebenbei Sinfoniekonzerte gibt. Wer die dazu nötige Entwicklung skizzieren möchte, sollte den Blick auf die Zunahme der reinen Konzertreisen richten. Unbestreitbar gehört zur Bilanz der Staatsoper Unter den Linden mehr, doch drohen bei einem Gesamtüberblick der Suitner-Jahre jene Wege übersehen zu werden, die von den Musikern und ihrem Chef alleine beschritten wurden.

Das bereits erwähnte Jahr 1977 der ersten Japanreise ist dabei eine Wegmarke, gegenüber der dem 400-jährigen Jubiläum eine mehr symbolische als entwicklungsgeschichtliche Bedeutung zukommt. Bis zu diesem Zeitpunkt war die Staatskapelle unter anderem in Warschau, Wien (mit David Oistrach im Goldenen Musikvereinssaal), Prag, Drottningholm, London, Kairo, Helsinki, Moskau (MEISTER-

Auf dem Weg nach Japan in den achtziger Jahren

© Friedemann Mittenentzwei

SINGER), Sofia, Lausanne, Paris, Ravello und Bratislava aufgetreten. In den meisten Fällen hatte es sich um Operngastspielreisen gehandelt, bei denen das Interesse der Inszenierung oder den Sängern, nicht ausschließlich den Instrumentalisten gelten konnte. Das Pariser Gastspiel 1973 war diesbezüglich nicht nur wegen der Publikumsreaktionen auf Mahlers 1. und Beethovens 5. Sinfonie oder den FIDELIO außergewöhnlich: In *Le Monde* stand zu lesen, dass Otmar Suitner sehr nahe an Furtwängler sei und die Staatskapelle gleichermaßen kraftvoll und tonschön klinge. Höher als die Leistung der ebenfalls mit Lob bedachten Solisten sei die Souveränität des Orchesters und des Chores einzuschätzen – »bayreuthwürdig«.[117]

Als knapp vier Jahre später die erste Japantournee enthusiastisch endete, war dies also nicht die erste Reise ins so genannte westliche Ausland, bei der die Konkurrenzfähigkeit der Berliner Staatskapelle attestiert wurde. Trotzdem begann nun, unterstützt durch Suitners eigene Popularität in Japan, eine beispiellose Beziehung zum dortigen Publikum, die sich bis 1990 in insgesamt sieben Japanreisen niederschlug. (wenn man die letzte und längste, die er kurzfristig absagen musste, gerechterweise mitzählt). Zwei reine Konzerttourneen 1978 und 1984, bei denen die Lindenoper jeweils für einen knappen Monat auf ihr Orchester verzichten musste, spiegeln einen nicht länger nur als Teil des Ensembles definierten Rang der Kapelle wider. Selbst Großereignisse wie die mehrwöchigen Gastkonzerte in Eng-

97

In der Symphony Hall von Osaka, 1988

land (1985) und Australien (1986) – an denen der »Chef« nicht teilnahm – stellten den in Tokio und anderswo erworbenen Ruf nicht in den Schatten. Sich dort zu bewähren, wo alle Spitzenorchester der Welt Heimrecht haben (wollen), bedeutete ein Stück weit zu diesem imaginären Zirkel der Besten und Begehrtesten zu gehören. Dank ihrem künstlerischen Leiter konnten die Musiker sich schon dazu zählen, lange bevor es ihnen der Mauerfall leichter gemacht hätte. Als die DDR zu ihrem 40. Jahrestag in den letzten Zügen lag, befand sich die Staatskapelle bereits in der »freien« Welt: Am 7. und 8. Oktober 1989 war sie mit Otmar Suitner in der neu eröffneten L'Opéra Bastille eingeladen. Hier, in Paris, fanden ein Vierteljahrhundert nach seinem Amtsantritt die letzten gemeinsamen Konzerte statt. In der Geschichte der Staatskapelle Berlin kommt dem Ehrendirigenten das Verdienst zu, ihren internationalen Ruf auch auf sinfonischem Gebiet etabliert zu haben.

IV. Die Begegnung –

Weggefährten erinnern sich an die gemeinsame Arbeit

Auch wenn den Autoren der folgenden Beiträge Otmar Suitner auf je verschiedene Weise begegnet ist: Das folgende Kapitel gibt mosaiksteinartig Auskunft über seine Persönlichkeit. Wo Lücken bleiben, möge der Leser entscheiden, denn trotz aller Unterschiede der Darstellung werden ihm bestimmte Charakterzüge des Jubilars leitmotivisch wiederbegegnen. Vieles von dem, was zu seiner Person in den vorangegangenen Abschnitten des Buches gesagt wurde, verifiziert sich in den Aussagen seiner Weggefährten. Sie unter diesem etwas altertümelnden Begriff zusammenzufassen, weist auf einen egalitären Aspekt im Denken Suitners hin, der von sich sagte: »Immer sah ich mich als die Summe meiner Mitarbeiter.« Er wollte sie, unabhängig von ihrem Rang, stets in ihrer Individualität wahrnehmen, nicht allein in ihrer Funktionalität. In einem Opernhaus mit hunderten von Angestellten bedeutete dies, dass sie von ihm nicht nur als »kleine Rädchen im Getriebe« betrachtet wurden. Auch hier könnte man wieder die von ihm so geschätzte Vorrede zu Stifters Bunten Steinen zitieren: »Es ist das Gesetz ... der Gerechtigkeit ..., das Gesetz das will, dass jeder geachtet geehrt ungefährdet neben dem Anderen bestehe, dass er seine höhere menschliche Laufbahn gehen könne, sich Liebe und Bewunderung seiner Mitmenschen erwerbe, dass er als Kleinod gehütet werde, wie jeder Mensch ein Kleinod für alle anderen Menschen ist.«[118]

Im Sinne solch philanthropischer Integrität gelang es Suitner, Zuneigung bei allen Generationen und Berufsgruppen zu wecken, mit denen er in seinem Vierteljahrhundert Unter den Linden zusammenarbeitete. Ein Erlebnisbericht und ein Interview seien besonders hervorgehoben. Der Einwand, sich mit beidem vom Thema des Buches, seiner »herrlichen (Berliner) Kapelle«, zu entfernen, berührt eine wichtige Absicht des Autors: künstlerische Leistung und menschliche Beziehungen in ihrer Entwicklung zu zeigen. Weil also die Berliner Jahre nicht ohne die Dresdner vorstellbar sind, gebührt einem Gratulanten aus Sachsen das erste Wort; und Suitners jahrzehntelangen Vertrauten Joachim Freyer nicht nur nach dem zu befragen, was unmittelbar mit der Staatskapelle Berlin zusammenhängt, versteht sich von selbst.

Die höchst unterschiedlichen Beiträge vereint die Nähe zu dem hier Geehrten. Darin sollen auch all jene mit eingeschlossen sein, die hier nicht zu Wort kommen.

Prof. Joachim Ulbricht,

Kammervirtuose, langjähriger Solobratscher
der Staatskapelle Dresden

Persönliche Erinnerungen an die Zeit Otmar Suitners in Dresden lebendig werden zu lassen, das fällt mir auch nach vier Jahrzehnten nicht schwer, der ich, damals 30-jährig, als einer der Solobratschisten des Orchesters den Dirigenten aus nächster Nähe erleben durfte.

Unvergessen blieben die ersten Begegnungen:

Es waren keineswegs nur die jungen Musiker, die im Jahre 1960 an dem österreichischen Bewerber um die Dresdner Chefposition Gefallen fanden! Dessen bisherige Stellung am Pfalzorchester in Ludwigshafen war es nicht, die ihn besonders empfahl, es war die erkennbar eigene Persönlichkeit, es war sein natürliches Empfinden für Musik und seine von Clemens Krauss geschulte Dirigiertechnik, die für ihn einnahmen. Das Votum war einmütig, er wurde engagiert, und in kürzester Zeit fanden wir uns in unseren Erwartungen bestätigt.

Nun konnte sich Otmar Suitner in die Traditionslinie der jungen, 30- bis 40-jährigen Dresdner Generalmusikdirektoren einreihen, die einst mit Ernst von Schuch begann, über Fritz Reiner, Fritz Busch, Karl Böhm und Joseph Keilberth zu Rudolf Kempe geführt hatte.

Immer schon vertraute das Orchester darauf, an der Entwicklung hochbegabter junger Dirigenten seinen Beitrag leisten zu können, der schon bald auf das Ensemble zurückkommen und es voranbringen sollte, wobei überlieferte Eigenarten der Spielkultur und des Klanges gewahrt bleiben konnten.

Und so war es auch in diesem Falle.

Wie durch ein Wunder hatte die Kapelle den Krieg ohne größere Verluste überstanden, war zusammengeblieben und hatte sich in Kontinuität erneuern und verjüngen können. Unverzichtbar für die Sorge um unseren Nachwuchs waren dabei die vielen Kapellmitglieder, die an der Staatlichen Akademie für Musik als Lehrer tätig waren. Diese wiederum ging in ihrer Grundhaltung auf die von Fritz Busch im Jahre 1923 gegründete Orchesterschule der Staatskapelle zurück. Der junge Kapellmeister sah sich also einem homogenen, völlig intakten Orchester gegenüber, das sich ihm geschlossen anvertraute!

Es war nicht wenig, was man von ihm erwartete! Selbstverständlich kam ihm der größte Teil aller Sinfoniekonzerte zu, eingeschlossen die jährliche IX. Sinfonie am Palmsonntag, ein Erbe Richard Wagners, und ein auszuwählendes Requiem zum 13. Februar, dem Gedenktag der Dresdner Zerstörung. Das Publikum hatte er vom ersten Tag an auf seiner Seite, er gefiel, wusste zu überzeugen und wurde geliebt!

Mir kann es nicht darum gehen, einen vollständigen Einblick in die Fülle unseres gemeinsamen Musizierens zu geben. Aber einen der ersten Abende will ich erwähnen, er ist mir in besonderer Erinnerung geblieben:

Im bescheidenen Steinsaal des Hygienemuseums, einem Provisorium aus den ersten Nachkriegsjahren, musizierten wir im Rahmen eines Aufführungsabends unserer Kammermusik, also freiwillig und aus ideeller Haltung heraus. Im Mittelpunkt stand Schuberts »Große« C-Dur-Sinfonie, die mit den »himmlischen Längen«, wie Robert Schumann sie nannte. Der Abend wurde ergänzt durch Schönbergs Violinkonzert, eine Aufführung, die der damaligen offiziellen Kunstpolitik abgetrotzt war. Die Wiedergabe erhielt zusätzliche Bedeutung, indem als Solist Wolfgang Marschner wieder nach Dresden kam. Er war Schüler unseres legendären Kapellvorstandes Arthur Tröber, und als Absolvent des hiesigen Konservatoriums war er noch mit vielen gleichaltrigen Kollegen befreundet. Der Abend wurde für alle zu einer Sternstunde. Für uns heute ist es kaum noch vorstellbar, was man aufbieten musste, um in solcher Umgebung eine künstlerische Atmosphäre zu erzeugen. Man war angewiesen allein auf die Hingabe der Musiker und ein unvergleichlich dankbares Publikum, welches in den Künstlern den Geist der in Flammen untergegangenen Stadt wiederzufinden glaubte. Nicht zuletzt war es Otmar Suitner, der die Gunst der Stunde fühlte und ihr sein persönliches Gepräge gab!

Konzertreisen gehörten zu den außergewöhnlichen Anlässen, und ich erinnere mich gut unseres Auftretens beim *Prager Frühling* im Jahre 1961. Zwei Jahre später bereisten wir die Sowjetunion, waren erfolgreich im wunderbaren Saal der Philharmonie im damaligen Leningrad, spielten in Moskau, Riga, Wilna und Minsk. Die gemeinsame Besichtigung der russischen revolutionären Sehenswürdigkeiten, die beschwerlichen Bus- und Bahnfahrten durch die Kälte des russischen Winters brachten uns menschlich näher.

Die Schallplatte forderte uns heraus. Ich kann nicht vergessen, wie sehr wir uns um Le Sacre du printemps von Strawinsky bemühten. Heute ist es für jedes Spitzenorchester ein gängiges Repertoirestück, damals war es für uns eine Nagelprobe! Es war die Energie unseres Chefs, die uns über viele intensive Proben zu einer erfolgreichen Einspielung und zu perfekten Aufführungen dieses Werkes führte.

Kontrastreich waren dagegen die gestellten Aufgaben mit Debussy, Mahler, Smetanas Oper Die Verkaufte Braut und immer wieder Werken von Mozart und Richard Strauss. Die Ergebnisse einer Elektra-Aufnahme Karl Böhms wusste Suitner seinerseits zu einer konzertanten Aufführung zu nutzen. Der unzureichende Orchestergraben des Schauspielhauses, damals noch Spielstätte der Oper, hätte eine szenische Umsetzung nicht zugelassen! Diese und eine Salome-Aufnahme mit ihm brachten die letzte sängerische Begegnung mit »unserer« Christel Goltz.

Ungleich schwieriger waren die Aufgaben, die in der Oper auf den neuen Generalmusikdirektor warteten. Selbstverständlich oblag ihm die Betreuung der großen Werke des Repertoires, und damals setzte man voraus, dass er sie beherrscht oder aber sie schnell und unmerklich lernt. Mit der Übernahme von Tristan gelang ihm sein erster großer Wagner-Abend, als Neueinstudierung folgte eine Tosca, und es zeigte sich schon bei den Vorbereitungen, dass er vom ersten Tage an gewillt war, das Institut führend in die Hand zu nehmen.

Seine Entscheidungen für den Spielplan, seine Arbeit bei einer eigenen Ensemblebildung bewiesen eine glückliche Hand und waren erfolgreich. Mit Kenntnis und Empfinden entschied er sich für junge Instrumentalisten, entdeckte Stimmen, pflegte und betreute deren

Entwicklung. Es war seine Idee, für unsere jungen Mitglieder im »Kleinen Haus« eine italienische Così herauszubringen, was damals nicht alltäglich war und einer besonderen Sprachpflege bedurfte, die ihm am Herzen lag.

Besonders erwähnen möchte ich die zum 50. Jahrestag seiner Uraufführung erwartete Neueinstudierung des ROSENKAVALIER, in der er mit Selbstvertrauen auf seine eigenen Erfahrungen und mit Neugier auf die ungebrochene Tradition seiner Vorgänger – einschließlich der des Komponisten – zu einem wunderbaren Ergebnis kam. Er erzählte von Innsbruck, der Stadt seiner ersten Anstellung, in der er während des Krieges diese Oper mit 40 Musikern und in einer reduzierten Orchesterbearbeitung zur Aufführung bringen musste. Hier aber wollte er selbst lernen, und die Kollegen machten es ihm nicht schwer. Sie verweigerten ihm nie die Gefolgschaft!

Im Vorteil uns gegenüber war er freilich bei CAPRICCIO, wo er direkt aus den Quellen seines Lehrers Clemens Krauss schöpfen konnte. Es beeindruckte uns, dass er sich nicht selten in sängerischen Fragen des Rates und Beistandes von Viorica Ursuleac versicherte, der berühmten Strauss-Interpretin und Frau seines verstorbenen Lehrers.

Leider markierte diese außerordentliche Premiere zugleich das traurige Ende seiner kurzen vierjährigen Dresdner Amtszeit. Die Schwierigkeiten im Einzelnen sind nicht bis an die Orchesterpulte durchgedrungen, es könnte auch nicht mein Thema sein, diese hier zu erörtern.

Durch den Wegfall der Länder war Dresden schon längst nicht mehr Landeshauptstadt, sondern eine Bezirksstadt unter vielen, worüber auch der verbliebene Name »Staatsoper« nicht hinwegtäuschen konnte. Wir waren ein städtisches Theater geworden, die Mittel waren begrenzt, Berlin wurde konkurrenzlos übervorteilt, allein die Staatskapelle unterstand in gewisser Weise direkt dem Kulturministerium der DDR. Suitner vermochte die Früchte seiner Arbeit in der Oper nicht zu nutzen, er sah für das Institut keine Zukunft. Sein Ensemble, welches man ihm auskaufte, konnte er nicht halten.

Mit dem Tode Franz Konwitschnys, den wir ja wie vorher schon Joseph Keilberth an Berlin verloren hatten, bot sich im Jahre 1964 auch für Otmar Suitner die Chance zu einem Wechsel. Das schöne Haus der Lindenoper musste ihm ein Anreiz sein, zumal die Dresdner Provisorien auf unabsehbare Zeit Bestand haben würden. – Im

Übrigen war das Leben für einen Ausländer in Berlin, auch wenn die Stadt geteilt war, um vieles leichter.

Sein Weggang traf uns Kapellmusiker überraschend und hart, und unsere große Enttäuschung resultierte aus unserer Wertschätzung für ihn! Wir, die wir unser Schicksal mit dem der Dresdner Oper verbinden wollten, fühlten uns natürlich im Stich gelassen. Die Situation war ernst und, wir schätzten sie richtig ein:

Seit dieser Zeit trennte sich der Weg der Kapelle musikalisch von dem der Oper, indem der Chefdirigent des Orchesters nur gastweise Vorstellungen leitete. Es war ein historisch bis dahin nie gekannter, leider noch heute, von zwei Episoden abgesehen, nicht überwundener Zustand. Dennoch haben wir uns immer als ein Opernorchester verstanden, wollten Vorreiter sein, nie Davoneilende!

Auch wenn es uns schwerfiel, wir mussten Verständnis für die Haltung Otmar Suitners aufbringen, denn wir waren uns bewusst, Dirigent wie Orchester, dass uns viel miteinander verband. So begann eine Zeit der künstlerischen Zusammenarbeit ausschließlich und vermehrt im Studio der Schallplatte in der Lukaskirche. Und mit Sicherheit waren es nicht materielle Gründe, die uns zusammenhielten. Über das immer stärker in den Vordergrund tretende neue Medium konnte der Dirigent seine Karriere voranbringen, für die Kapelle boten die Aufnahmen fast die einzige Gelegenheit, sich selbst und ihren künstlerischen Stand im In- und Ausland zu dokumentieren.

Außerdem verfügte im Osten nur die Schallplattenfirma ETERNA über die entsprechenden Mittel, es waren die knappen Devisen, um neben unseren eigenen Sängern internationale Künstler zu verpflichten.

Auf diese Weise entstanden in wirklicher Harmonie – und ich glaube, das ist hörbar – mit unserem alten Chef wunderbare musikalische Zeugnisse. Noch heute kann man sich über die tief empfundenen, klanglich so feinen wie in ihren Strukturen klaren Mozart-Aufnahmen erfreuen. Sie waren so wenig kalkuliert wie spektakulär.

Dabei sahen wir auch, dass er gern nach Dresden kam, wo ihm alte Freunde verblieben waren. Oft sah man Suitner in Gesellschaft mit dem für Dresden so verdienstvollen, streitbaren Kunsthistoriker Dr. Fritz Löffler.

Die Beethoven-Ehrung 1970 führte schließlich die Kapelle mit ihm aus repräsentativem Anlass auf das Podium der Lindenoper. Ich selbst durfte ein Jahr zuvor als Solobratschist auf sein Bitten hin an einem Gesamtgastspiel der Berliner Staatsoper im Bolschoi-Theater Moskau teilnehmen, wobei natürlich viele Erinnerungen in mir wach wurden. Es war überzeugend für mich, mit welchem Selbstverständnis und Stolz er dort sein Ensemble vorführen konnte, und es machte mich ein wenig neidisch!

Vor unserem Dresdner Konzertpublikum stand Otmar Suitner letztmalig im April des Jahres 1982, wobei wir im Kulturpalast eine der seltenen Brahms-Serenaden musizierten, dazu mit Ulf Hoelscher das Violinkonzert von Richard Strauss und seinen TILL EULENSPIEGEL. Gern hätten wir ihn öfter bei uns gesehen, in cheflosen Zeiten wohl manchmal auch seine Hilfe dringend gebraucht. Wenn er sich unseren Bitten versagte, lag es an seiner Loyalität gegenüber seinen Berliner Institut, dem er seine ganze Kraft widmen wollte.

Auch wenn sich die Dresdner Oper ein gewisses Verdienst als Wegbereiter seiner großen Dirigentenkarriere zubilligen darf, wir Kapellmusiker fühlen uns Otmar Suitner zu großem Dank verpflichtet, weit über die Jahre seines hiesigen Wirkens hinaus!

Auszüge eines Gesprächs mit Joachim Freyer, dem engsten Mitarbeiter Otmar Suitners an der Statsoper Berlin

Herr Freyer, ein kurzes Wort zu Ihrer Biografie …
Als Kantorensohn war ich von 1936–44 Mitglied des Dresdner Kreuzchores. Nach der Rückkehr aus Krieg und Gefangenschaft 1947 Studium an der Dresdner Musikakademie. Erste Engagements als Solorepetitor in Chemnitz und Dresden. Schließlich Anfang 1963 Staatsoper Berlin, wo ich bis zu meiner Pensionierung 1991 tätig war.

Wann begann ihre gemeinsame Arbeit mit Suitner?
Suitner kam 1960 nach Dresden. Er war der Wunschkandidat der Dresdner (inzwischen wieder Sächsischen) Staatskapelle, die sich damals in einem »cheflosen« Zustand befand. Ich war von Anfang an von seiner Arbeit fasziniert, aber auch er nahm regen Anteil an meiner Arbeit.

Sie galten als »rechte Hand« von Otmar Suitner und hatten eine bedeu-
tende, wiewohl nach außen hin wenig exponierte Stellung im Haus. Was
waren Ihre Verpflichtungen im Einzelnen?

Suitners »Assistent« wurde ich offiziell erst in Berlin, und auch
da nicht von Anfang an. Meine Tätigkeit bestand vor allem in der
Vorbereitung von Suitners Operneinstudierungen nach vorheriger
Absprache. In späterer Zeit habe ich auch eigene Vorschläge einge-
bracht, die er oft akzeptierte. Es bleibt ja nicht aus, dass bei einer solchen jahrzehntelangen Zusammenarbeit allmählich ein gegenseitiges
Geben und Nehmen entsteht.

War Ihre Tätigkeit von Beginn an auf diese lange Dauer angelegt?

Mir machte diese Tätigkeit viel Freude, was allerdings nicht aus-
schließt, dass ich zwei- oder dreimal »Ausbruchsversuche« unternommen habe, die aber in keinem Fall zum Erfolg führten. Die Ursachen
dafür habe ich bis heute nicht ergründen können.

Welche Entwicklung nahm die Staatskapelle unter der Leitung von
Suitner? Welche markanten Stationen sind Ihnen in Erinnerung?

Ich habe die Staatskapelle vor dem Mauerbau nicht gekannt, obwohl ich hie und da eine Opernaufführung gehört habe. Nach dem
Mauerbau schieden fast alle West-Berliner Orchestermitglieder aus
und hinterließen große Lücken. Diese wurden durch Engagements
hervorragender Musiker aus anderen Orchestern oder Hochschul-
absolventen gefüllt. Aber es war kein Orchester! Jeder spielte »um sein
Leben«! Und ich habe mich gewundert, dass die damals tätigen Dirigenten (sämtlich Generalmusikdirektoren) diesen Zustand gewissermaßen unwidersprochen hingenommen haben.

Erst als Suitner 1964 kam, begann sich das zu ändern. Er nahm es
nicht hin und brachte den jungen Musikern bei, dass ein gutes und
zumal ein Opern-Orchester aufeinander, vor allem aber auch auf die
Sänger hören muss, um wirklich begleiten zu können. Davon profitierten vor allem Neueinstudierungen, während es bei Opern, die
sich bereits im Repertoire befanden, naturgemäß viel schwieriger war,
den Klang »aufzulichten«. (Ich selbst habe das leidvoll mit HÄNSEL
UND GRETEL erlebt.)

Als epochemachende Großtat Suitners an der Staatsoper erscheint
mir seine Einstudierung des PALESTRINA. Die fand ja noch unter

Pischners Intendanz statt, und der folgten noch einige Rimkus-Jahre. Jedenfalls habe ich diesen PALESTRINA als genauso bedeutsam in Erinnerung wie z. B. DIE FRAU OHNE SCHATTEN in den siebziger Jahren.

War Ihre Position zum »1. geschäftsführenden GMD« in zwischenmenschlicher Hinsicht eher Partnerschaft oder Hintanstellung?

In diesem Zusammenhang würde ich sagen, eher »zwischenmenschliche Partnerschaft«, wobei diese sich fast ausschließlich aufs Fachlich-Musikalische bezog.

Den Interpreten Suitner einer bestimmten Stilrichtung zuzuordnen fällt schwer. Was halten Sie in diesem Zusammenhang vom Schlagwort »Neue Sachlichkeit«, das beispielsweise auch auf Hermann Scherchen oder Herbert Kegel passen würde?

Mit dem Begriff »neue Sachlichkeit« bin ich im Zusammenhang mit Suitner nicht so sehr glücklich! Seine Interpretationen sind doch von denen der genannten Scherchen und Kegel sehr verschieden. Er ist ein Mann der Mitte, der extreme Positionen gemieden hat. Aber ich kann mir denken, dass da auch der Einfluss seines Lehrers Clemens Krauss wirksam ist. Es »stimmt« einfach alles!

In vielen Publikationen wird als Repertoireschwerpunkt Otmar Suitners immer die Trias Mozart/Strauss/Wagner genannt. Was würden Sie als das »Geheimnis« des Suitner'schen Mozart-Stils bezeichnen?

Suitners Mozart-Stil zeichnet sich durch seine Klarheit und Durchsichtigkeit aus. Auch hier »stimmt« alles. Bemerkenswert ist noch, dass er auf seinen Aufnahmen mit der Dresdner Staatskapelle aus den sechziger Jahren vielfach Werke Mozarts vorstellte, die damals noch weithin unbekannt waren (z. B. die Sinfonie A-Dur KV 201). Inzwischen hat sich das grundlegend geändert. Sicher auch unter anderem eine Folge Suitner'scher Pionierarbeit.

Woran haben Sie Ihre beglückendsten Erinnerungen?

Der Trias Mozart/Wagner/Strauss *muss* man wohl noch Pfitzner hinzufügen. Seinen PALESTRINA habe ich ja schon erwähnt. Auch DIE FRAU OHNE SCHATTEN. Exemplarisch war auch die legendäre COSÌ FAN TUTTE im Apollosaal, die auch auf zahlreichen Operngastspielen präsentiert wurde.

Außerhalb der Oper *muss* man aber noch Gustav Mahler nennen, dessen Sinfonien unter Suitners Leitung exemplarische Aufführungen erfuhren.

Gab es verschiedene »Phasen« der Probenarbeit in den 26 Jahren seiner Amtszeit? Traten beispielsweise während der Zeit seiner lockeren Bindung 1971–74 spieltechnische Schwächen auf?
Verschiedene »Phasen« der Orchestererziehung in seiner relativ langen Amtszeit vermag ich nicht zu erkennen. Nachdem er zu Beginn seiner Tätigkeit, wie erwähnt, sehr energisch an der klanglichen Qualifikation des Orchesters gearbeitet hatte, entwickelte sich die Qualität des Orchesters kontinuierlich weiter, so dass seine etwas losere Bindung der Jahre 1971–74 keinen wesentlichen Einfluss ausüben konnte.

Können Sie zum Schluss die Arbeitsweise von Suitner mit einer Anekdote besonders plastisch umreißen?
TRISTAN-Bühnenprobe mit Orchester (in der Anfangsphase seiner Tätigkeit). Während des großen Liebesduetts im 2. Akt bricht Suitner plötzlich ab und fragt den Tristan (Ernst Gruber): »Gruber, hören S’ das Orchester?« Nach einem kleinen Zögern antwortet dieser: »Ach ja, ganz gut.« Darauf Suitner zum Orchester: »Sehen S’, meine Herren, mir san zu laut!«

Walter Rösler,

langjähriger Dramaturg der Staatsoper Berlin

Hommage für einen »Grandseigneur der Musik«
Es hatte für mich etwas Bewegendes, als ich vor kurzem in den Regalen einer Musikalienabteilung eine CD mit Debussys PRÉLUDE À L'APRÈS-MIDI D'UN FAUNE entdeckte, eine Aufnahme aus den sechziger Jahren mit der Staatskapelle Dresden, dirigiert von Otmar Suitner, Flötensolo: mein langjähriger Flötenlehrer Fritz Rucker. Das Wirken zweier Männer fand ich hier vereint, deren außerordentlichen künstlerischen Fähigkeiten ebenso wie ihrer menschlichen Haltung meine tiefe Verehrung gilt. Fritz Rucker, seit den zwanziger Jahren Soloflötist der Dresdner Staatskapelle und schon zu Lebzeiten

für die Musikfreunde der Elbmetropole eine legendäre Erscheinung, gehörte zu jenen Kapellmitgliedern, die sich 1960 für die Berufung des vom Pfalzorchester Ludwigshafen kommenden Otmar Suitner als Chef des traditionsreichen Dresdner Orchesters besonders einsetzten. 1964 holte Hans Pischner – gegen manche Widerstände von offizieller Seite gegen den Österreicher, sprich: »westlichen« Ausländer – Suitner an die Deutsche Staatsoper nach Berlin.

Durch meine Tätigkeit als Dramaturg war ich zwanzig Jahre lang in der glücklichen Lage, Suitners Wirken in Berlin unmittelbar miterleben zu dürfen. Auch wenn das heute manche nicht wahrhaben wollen: Diese Zeit war in dem Hause Unter den Linden eine künstlerisch bedeutsame Epoche, geprägt von zahlreichen Aufführungen, die den Vergleich mit denen führender europäischer Bühnen nicht zu scheuen brauchten. Ich denke dabei vor allem an zahlreiche Abende, an denen Suitner am Pult stand, in Così fan tutte, in der Zauberflöte, im Figaro, in Rossinis Barbier, in Richard Strauss' Die Frau ohne Schatten, an die Uraufführungen von Paul Dessaus Opern Puntila, Einstein, Leonce und Lena, nicht zuletzt an die Wagner-Aufführungen unter seiner Leitung.

Unvergessen ist mir eine Meistersinger-Vorstellung während eines Gastspiels der Deutschen Staatsoper in Tokio. Nie wieder habe ich unter einem anderen Dirigenten das »Wach auf!« des Chores im Schlussbild als ein solches Ereignis aus Spannung, Leuchtkraft und als einen solchen Akt innerer Befreiung erlebt wie an diesem Abend. Bei den vielen Gastspielreisen in europäische und außereuropäische Musikmetropolen feierte Suitner mit der Staatskapelle und dem Opernensemble seine größten Erfolge. Insbesondere in Japan waren es jedesmal wahre Triumphe.

Suitner gehörte nicht zu jenen Pultvirtuosen, die sich auf Kosten der zu interpretierenden Werke in Szene setzten. Der Musikkritiker Ernst Krause nannte ihn einmal einen »Grandseigneur der Musik«, bei dem es Spaß machte, ihm beim Dirigieren zuzusehen. Er schrieb: »Hier wird nicht gefuchtelt und geschwitzt. Hier wird mit lockerem Handgelenk und wachem Ohr musiziert.«

Otmar Suitner, der aus gesundheitlichen Gründen viel zu früh den Taktstock aus der Hand legen musste, danke ich anlässlich seines 80. Geburtstages für die vielen großartigen Aufführungen unter seiner Leitung und wünsche ihm noch viele gute Jahre.

Prof. Georg Katzer,

Komponist

Da sollte der mir höchsten Respekt einflößende O. S., ich hatte ja seine Dessau-Opern-Uraufführungen Puntila und Einstein und viele seiner Konzerte mit der Staatskapelle Berlin gehört, sollte also meinen Baukasten für Orchester von 1971 aufführen, bis dahin nicht öffentlich gespielt und vielleicht nicht mein bestes Stück, aber gewiss das provokanteste wegen der Klangmassierungen, die das Konzertpublikum schon verschrecken konnten, und wie würde er probieren, ich war ja ein junger, noch wenig bekannter Komponist, denn Anekdoten über seinen etwas hinterhältigen Wiener Schmäh waren genug im Umlauf. Sein Witz und der Tonfall seiner Rede wurden in Berliner Musikerkreisen fleißig nachgeahmt, vielleicht um an seiner hinterhältigen Eleganz den direkteren Berliner Witz zu schärfen. Es war aber alles ganz anders, denn er war äußerst liebenswürdig vom ersten Augenblick an und dem jungen Heißsporn gegenüber nachsichtig, probierte mit der Staatskapelle mit großer Umsicht und Gelassenheit und sorgte mit seiner Persönlichkeit dafür, dass es weder bei den Proben zu Unmut, noch bei der Aufführung zu einem Skandal kam. »Wenn der Suitner das macht, ist es vielleicht doch etwas.«

Renate Frank-Reinecke,

Opernsängerin

Nach Beendigung meines Gesangsstudiums an der Leipziger Musikhochschule machte ich meine ersten Schritte an der Staatsoper Dresden im Nachwuchsstudio, das war 1958. Schon nach knapp einem Jahr bekam ich meine erste große Chance, eine große Partie in einer Händel-Oper. Kurze Zeit später kam Prof. Suitner als Chef an dieses Haus und das war mein allergrößtes Glück. Es begann eine Zeit intensivster Arbeit. Er stellte an alle hohe Anforderungen, und dadurch entstand eine Qualität, die sich hören lassen konnte.

Besonders uns junge Sänger forderte und förderte er, aber er *behütete* uns auch. Damit will ich sagen, dass es nicht dazu kam, wie es heute oft der Fall ist, dass eine hoffnungsvolle Stimme schonungslos ausgebeutet und bei den ersten Problemen fallen gelassen wird. GMD Suitner hat genau gewusst, was er dem Einzelnen zutrauen kann und was er lieber nicht oder noch nicht singen sollte.

Für mich wollte er Gesangsstudien in Italien erreichen, hat sich dafür an »oberster Stelle« eingesetzt. Leider war das zu dieser Zeit noch ohne Erfolg.

Er hat Proben für den ROSENKAVALIER 1961 am Klavier selbst gespielt und meinem Oktavian (Gisela Schröter) und mir, ich war Sophie, in ruhiger Art beigebracht, was wir als Anfänger nicht wissen konnten.

Unser GMD war ein fantastischer Pianist. Wir sind für ihn durchs Feuer gegangen und haben immer versucht, unser Bestes zu geben. Mit der Dresdner Staatskapelle wurde diese Einstudierung zum 50. Jubiläum der Uraufführung ein ganz besonderes Ereignis.

Richard Strauss, der in Dresden immer eine große Rolle gespielt hat, kam durch ihn zu neuem Glanz. Es schien, dass er dessen Musik in Fleisch und Blut hat. In dieser Zeit gab es auch eine sehr bemerkenswerte konzertante Aufführung von ELEKTRA.

Für uns in Dresden war dieser Chef ein großes Glück. Es war eine Zeit, wo wir im Osten plötzlich das Gefühl hatten, dazuzugehören. Er kümmerte sich um alles. Bei den meisten szenischen Proben war er dabei, um sich nicht von unliebsamen Regieeinfällen überraschen lassen zu müssen. Die Musik stand für ihn stets an erster Stelle.

Für mich folgten unter seiner Leitung noch viele erfolgreiche Arbeiten, u. a. Pamina, MEISTERSINGER-Eva und die 4. Mahler im Staatskapellen-Konzert.

Auch an der Berliner Staatsoper hatte ich noch viele schöne und unwiederbringliche Vorstellungen mit ihm. Ich verdanke ihm meine musikalisch intensivste Zeit, und ich bin glücklich, von ihm so behütet worden zu sein, dass meine Stimme auch heute noch recht frisch klingt.

Prof. Theo Adam,

Kammersänger, langjähriges Ensemblemitglied
der Staatsoper Berlin

Bei einer Schallplattenaufnahme von Wagner-Monologen im Jahre 1965, auf der ich u. a. die Klage des König Marke aus dem Tristan sang, vernahm ich eine Stimme, die mir folgendes Kompliment machte: »Herr Adam, i *muss* Eana sagen, Ihre Stimme klingt wie a Cello von Stradivari!« Solche schmeichelnden und leicht übertriebenen Worte kann man nur von einem Österreicher hören: Otmar Suitner.

Er kam 1960 nach Dresden, dirigierte den Don Giovanni auf Anstellung – ich sang noch den Leporello – und gewann damit den Wettlauf mehrerer Kollegen um die Stelle des Generalmusikdirektors der Oper. Die Dresdner Staatskapelle, durch Joseph Keilberth und Rudolf Kempe verwöhnt und dadurch sehr wählerisch, gab schließlich dem Clemens-Krauss-Schüler Suitner den Zuschlag. Er war sich des großen Erbes wohl bewusst und nahm von Anfang an seine verantwortliche Stellung sehr ernst. [...]

Es war dies für mich unter Suitner eine sehr produktive Zeit in Dresden, die sich ab 1964 auch in Berlin fortsetzte. Auf vielen Gastspielreisen der Berliner Staatsoper in Europa und Asien lernten wir uns näher kennen und gegenseitig schätzen. Von San Francisco aus haben wir, nach erfolgreichen Meistersingern, gemeinsam erholsame Ausflüge in Kalifornien unternommen.

Es gibt Dirigenten, die am Pult Autorität durch diktatorische Manieren herstellen, oft keine Miene verziehen, geschweige denn ein Lächeln zur Bühne hinauf signalisieren. Es läuft alles korrekt und gut ab, aber es fehlt Wärme und Seele. Zu denen gehörte Otmar Suitner, Gott sei Dank, nicht! Der menschlichen Stimme gab er bei seinen Opernabenden immer den Vorrang. Nach seinen Worten ging es ihm »um ein Musizieren der höchstmöglichen Übereinstimmung, ... um ein Dienen im Sinne des Kunstwerkes, ... um das Schöne und Natürliche ...«. Er war damit der geborene Theaterkapellmeister.

Das kam auch zum Tragen bei der zeitgenössischen Musik, so bei der Einstudierung der Oper Einstein von Paul Dessau, bei deren Uraufführung 1974 in Berlin ich die Titelrolle sang. Hier brachte

Suitner die Musik Dessaus, die immer im Dienst des Wortes steht, zu klarer, außerordentlicher Wirkung. [...]

Als Österreicher war unser »Otmar«, wie er in Berlin hieß, ein köstliches Original. Mit ihm zog ein Stück österreichischen Charmes in die preußisch geprägte Berliner Staatsoper ein. Eine Probe der Staatskapelle brach er einmal abrupt ab, um zu verkünden: »Also, meine Herren, passen's gut auf! An der Stelle hier gebe ich Ihnen a ganz klaanes Aviso und dann folgt eine *uunglaubliche* Eins.« [...]

Mit seiner legeren Art verbreitete er Optimismus und hielt die deutsche Staatsoper und ihre Staatskapelle in den siebziger und achtziger Jahren künstlerisch auf einem gleichbleibend hohen Niveau, das durch zahlreiche Einladungen zu Gastspielreisen durch West- und Osteuropa bestätigt wurde.

Prof. Alfred Lipka,

Kammervirtuose, von 1963 bis 1975
Erster Solobratscher der Staatskapelle Berlin

Wenn ich an Otmar Suitner denke, steigen Erinnerungen auf an seine durch das österreichische Idiom seiner Sprache gefärbten Aussprüche während der Proben. Sie waren herzerfrischend, und dadurch war die Atmosphäre, auch bei schwieriger Arbeit, immer gelöst.

Wenn es z. B. um eine Stelle ging, die schwierig für eine Gruppe war oder im Zusammenspiel mit den Bläsern noch nicht funktionierte, sagte er, ich zitiere wörtlich:

»Wann S' ma dös net bringen, setz ich dös Stück eiskolt ob!«

Wir haben es dann aber doch immer zustande gebracht.

Oder weiter, wenn es beispielsweise um eine exponierte Stelle bei den Bläsern ging, die vielleicht noch nicht ganz hundertprozentig war, weil eben sehr schwierig, sagte er:

»Jo schaun S', deshalb kumma die Leit!«

Eine im Grunde herrlich naive, aber gerade deshalb den Kern der Sache absolut treffende Formulierung, denn er wollte damit sagen, dass diese Stelle eben sehr *wichtig* sei und Profis oder sehr gebildete Musikhörer gerade auf eine solche Stelle warteten.

Ein andermal, bei Proben zu DIE FRAU OHNE SCHATTEN von Richard Strauss, hatten wir in den Bratschen eine sehr exponiert liegende Stelle, eine nach oben führende Sechzehntel-Passage in sehr schnellem Tempo, quasi eine Kaskade. Ich schaute meinen »Spannemann« Christoph Auermüller kurz, aber bedeutungsvoll an, er zwinkerte zurück, und dann donnerten wir im spiccatissimo diese Passage nach oben und die ganze Gruppe mit. Dabei stimmte vielleicht nur jeder dritte Ton, aber die *Idee* der Kaskade war eben erfüllt, und prompt sah Suitner uns an und sagte: »Jo schaun S', dös spiel'n S' aber *sehr* gut!«

Und nun das Eigentliche:

Unter Otmar Suitners Stabführung zu spielen war für mich immer ein musikalisches Erlebnis. Als Solobratscher des Orchesters in einem Abstand von zwei Metern zum Dirigenten zu sein bedeutet, sich im magischen Kreis eines Menschen zu befinden, welcher im Augenblick, durch seine geistige Vorstellung des Werkes, dieses durch das Medium Orchester entstehen lässt.

Wenn er am Pult stand, spürte man immer das, was hinter den Noten war, man erkannte die Idee der jeweiligen Musik, die er deutete. Höchstes Lob für einen Dirigenten, dessen ureigenstes »Instrument« in übertragenem Sinne eben seine Ausstrahlung, seine Aura ist.

Gerhard Meyer,

*Kammervirtuose, langjähriger Solohornist
der Staatskapelle Berlin*

Meine langjährige Mitgliedschaft in diesem Orchester als Solohornist bedeutet, dass ich während der gesamten Zeit, die Prof. Suitner an unserem Haus tätig war, mit ihm zusammengearbeitet habe, ja, dass ich ihn sogar schon davor kennen gelernt habe als Dirigenten. Im Jahr 1954, ich gehörte damals noch dem Berliner Sinfonie-Orchester (BSO) an, stellte sich Prof. Suitner als Gastdirigent dem Orchester vor, und ich erinnere mich an ein sehr schönes, gelungenes Konzert. Mein Eindruck über ihn erweiterte sich noch, als ich etwa in dieser Zeit anlässlich einer Radioreportage auch den Pianisten Suitner kennen lernte, er spielte aus einem Brahms-Klavierkonzert. So war ich in hoher Erwartung, wie auch meine Kollegen, als bekannt wurde, dass er die Leitung unseres Orchesters übernehmen, dass er GMD der Berliner Staatskapelle werden sollte. Es begann eine fruchtbare Zeit der Zusammenarbeit, und dass seine Vorlieben für Mozart, Wagner, Bruckner, Mahler, Strauss meinem Instrument die schönsten Aufgaben bescherten, fügte sich für mich außerordentlich glücklich.

Ungezählte Konzerte und Opernaufführungen in Berlin und weit darüber hinaus – wir gastierten in den meisten Ländern Europas und viele Male in Japan – gehörten zum künstlerischen »Arbeitsalltag« mit Prof. Suitner, nicht zu vergessen die häufigen Schallplatteneinspielungen des klassisch-romantischen Repertoires unseres Orchesters, die er leitete. Ein mir als sehr bedeutsames Gastspiel, zum 300-jährigen Jubiläum der Hamburger Staatsoper, erinnerlich ist eine Aufführung des Freischütz und ein Konzert mit der 2. Sinfonie von Gustav Mahler. Man brachte uns sowohl nach der Oper als auch nach dem Konzert stehende Ovationen, bestimmt war das einer der größten Erfolge, die wir unter Prof. Suitners Leitung als Ensemble feiern durften.

Ja, es waren ca. 25 Jahre guter, partnerschaftlicher Zusammenarbeit, man fühlte sich im eigenen künstlerischen Bemühen sozusagen als »Orchestersolist« verstanden und konnte aus diesem Gefühl heraus auch die Meinung und Kritik des Chefs akzeptieren, immer gab es eine gegenseitige Achtung, kein Diktat.

Im Laufe eines nahezu 50-jährigen Berufslebens lernt man die verschiedensten Dirigentenpersönlichkeiten kennen, da treten auch stark autoritative Charaktere vor das Orchester, und es wird einem manchmal nicht ganz leicht, autokratisches Gebaren mit dem eigenen Kooperationswillen und der eigenen Berufswürde in Einklang zu bringen. Solches ist meinen Kollegen und mir in der Zusammenarbeit mit Prof. Suitner erspart geblieben.

Es war eine gute Zeit hoher künstlerischer Leistungen und eines Ensemblegeistes, die getragen und gefördert wurden durch die zwei sich gut ergänzenden Persönlichkeiten an der Spitze der Deutschen Staatsoper, den GMD Otmar Suitner und den langjährigen Intendanten Prof. Hans Pischner, und aus diesen Erfahrungen heraus empfand ich es als regelrecht kränkend, als bei den Jubiläumsfeierlichkeiten zum 250-jährigen Bestehen der Oper im Jahre 1992 der Intendant so gut wie gar nicht und GMD Prof. Otmar Suitner nur am Rande erwähnt wurden. Dankbarkeit erfüllt mich im Rückblick auf ein erfülltes Berufsleben, zu dem Menschen wie Prof. Suitner entscheidend mit beigetragen haben.

Prof. Lothar Friedrich,

Kammervirtuose, Violinist, zeitweiliger Orchesterdirektor
der Staatakapelle Berlin

Als Otmar Suitner Chef der Dresdner Staatsoper war, studierte ich in dieser Musikstadt Violine. Er war damals neben Gret Palucca die interessanteste Persönlichkeit Dresdens. Geschichten wurden erzählt, Legenden bekamen Eigenleben. 1964 stand er dann in Berlin vor mir als mein künftiger Generalmusikdirektor, und ich saß ihm als Neuling im Orchester gegenüber.

In seinem fast 26-jährigem Wirken an der Staatsoper Unter den Linden war Suitner viel mehr als nur ihr musikalischer Leiter. Er war der Kopf und das Herz seiner Staatskapelle. Was sie hatte und was ihr fehlte, erkannte er sofort, erlebte die musikalische Vitalität und den hohen Anspruch, aber vermisste die internationale Reputation im Konzertleben und die sinfonische Präsenz auf dem Schallplattenmarkt.

In diesen beiden Aspekten bahnbrechend für die Staatskapelle gewirkt zu haben, ist sein bleibendes Verdienst in unserer Geschichte.

Suitners interpretatorisches Traditionsbewusstsein und der entschlackte Zug seiner Konzeptionen haben ihn zum Vermittler zwischen den Zeiten werden lassen. Aber als Österreicher im Osten Deutschlands war er auch ein Vermittler zwischen den Welten.

Er hat sich zu uns bekannt, als andere nur mal vorbeigeschaut haben, so dass man mit Joseph von Eichendorff sagen kann:

»Wir sind durch Not und Freude gegangen Hand in Hand ...«

Ernst Stoy,

langjähriger Chordirektor der Staatsoper Berlin

Mit großer Dankbarkeit denke ich an die fast zwanzigjährige harmonische, wunderbare und prägende Zusammenarbeit mit Otmar Suitner. Unvergessen bleiben seine großartigen Wagner- und Strauss-Abende. Er war ein Meister der großen Bögen, die nie ihre zwingende Beziehung zueinander verloren. Seine Konzeptionen basierten auf bester Tradition, die er ganz eigen verlebendigte. Fern von jeglichem intellektuellen Kalkül, Ausstellen von Effekten wurden seine Interpretationen durchdrungen von seiner Wahrhaftigkeit und Gestaltungskraft. Mit sparsamer Gestik, aber großer Suggestion verdeutlichte er seine Intentionen am Pult. Sein untrüglicher Klangsinn akzeptierte auch vom Chor nur engagiertes Musizieren im Sinne des Werkes. Genaue Intonation, Phrasierung und Artikulation waren für ihn selbstverständliche Forderungen.

Sebastian Weigle,

Staatskapellmeister, davor Solohornist der Staatskapelle Berlin

Aus meiner jetzigen Sicht als Dirigent ist Otmar Suitner eine der wichtigsten Persönlichkeiten meiner bisherigen Laufbahn. 1981 engagierte er mich Zwanzigjährigen als 1. Solohornisten der Staatskapelle Berlin. Fast eineinhalb Stunden dauerte damals mein Probespiel. Manche Orchesterstellen musste ich mehrmals wiederholen und nach Auswertung erneut vortragen. Etwas störte ihn: Es war das damals übliche Vibrato auf längeren Tönen. Das mochte er nicht. Suitners Intentionen waren geprägt vom runden, vibratolosen deutschen Waldhornklang. Deshalb biss er sich beim Hornthema im Finalsatz von Brahms' 1. Sinfonie geradezu fest. Nun, ich stellte das Vibrato ab und wurde sofort engagiert.

Was ich schon damals bei ihm lernte, war, mit knappen Gesten auszukommen. Auch heute, als Dirigent, ertappt man sich immer wieder bei der Verschwendung von Schlagtechniken und reduziert sie auf das Nützlichste.

An Suitners natürlichem Stilempfinden konnte man sich ausrichten. Mit dosierten (sehr sparsam eingesetzten) Höhepunkten, wobei er sich höchstens zweimal pro Abend aus dem Sessel hob, beförderte er einen ganzen Abend ins Ereignishafte. Da passierten ungeheure Dinge!

Es war immer etwas Besonderes, wenn der »Alte« vorne stand. Respekt, Spannung und Vorfreude kamen auf, wenn es hieß: Suitner dirigiert. Charmant, charismatisch, teilweise verspielt, ungeheuer begleitend, ließ er die Musik entstehen, ohne zu befehlen.

Natürlich und logisch empfundene Angebote von seinen Orchestermusikern nahm er gern an. Gemeinsam musizierend, undiktatorisch, aber von einer stilechten, glaubhaften, starken geistigen Führung ausgehend, so gestaltete sich künstlerisch die Zeit unter seiner Leitung.

Nicht von ungefähr wurden seine Schallplatten mit Gold geehrt und der Maestro einer der Lieblingsdirigenten des japanischen Publikums, den man sogar auf Telefonkarten abbildete. Geschmackvolle und künstlerisch wertvolle Aufnahmen besonders von Mozart, Schubert und auch Bruckner (man höre die 8. Sinfonie) überzeugen mich heute noch.

Ich wünsche dem Jubilar Gesundheit und Wohlergehen.

V. Das Fest –

Wien 2000

Zum Schluss dieser Darstellung das Bild einer fröhlichen Geburtstagsfeier: Als die Staatskapelle Berlin mit ihrem Chefdirigenten Daniel Barenboim im Mai 2000 die österreichische Hauptstadt besuchte, trafen sich einige Musiker und ihr Leiter, um mit Otmar Suitner dessen 78. Geburtstag zu begehen. Obschon ihm inzwischen selbst der Besuch der abendlichen Konzerte nicht mehr möglich war, ließ er sich weder das gemeinsame Beisammensein noch die Proben im großen »goldenen« Saal des Wiener Musikvereins entgehen!

Das beeindruckende Erlebnis dieses Beethoven-Zyklus, bei dem Maestro Barenboim in Personalunion mit sämtlichen Sinfonien und

*Geburtstagsfeier in
Wien mit seinem
Nachfolger
Daniel Barenboim,
1990*

Klavierkonzerten auftrat, entbehrte nicht einer leisen Wehmut (oder sagen wir besser: Tragik) für den zuschauenden Ehrendirigenten. In Wien war er, der »Maestro zweier Welten«, nicht nur während der Zeit seines ostdeutschen Engagements heimisch geworden, hatte hier nicht nur mit den Ensembles der Donaumetropole eigene Erfolge errungen, sondern auch »seine« Kapelle – wie er sagt – dirigieren »dürfen«.

Wenn er sich mit Respekt und Bewunderung über das heutige Niveau der ihm einst anvertrauten Kulturinstitution äußert, wird – in einer Zeit, die dirigierende Neunzigjährige kennt – der durch Krankheit erzwungene Verzicht auf die ihm zustehende Alterskarriere umso schmerzlicher deutlich. Aus solcher Perspektive lässt sich die Leistung Otmar Suitners erahnen, ohne jede Larmoyanz Rückblick auf seine Karriere zu halten, die er – gewissermaßen pünktlich zum Erreichen des Rentenalters – wider Willen beenden musste. Freilich ist es sein liebenswürdiger Humor, in dem er ein verlässliches Rezept gegen Schwarzmalerei weiß – Wiener Lakonie und Berliner Herzlichkeit nehmen den Lauf des Lebens hin und kommentieren ihn selbstironisch. Dass er länger als sein Amtsvorgänger Richard Strauss an der Spitze des ältesten Berliner Orchesters stehen konnte, bedeutete für Otmar Suitner die Erfüllung des Lebenstraumes. Deshalb konnte die Trauer, nicht mehr wirken zu können, von der Dankbarkeit, hier *gedient* zu haben, kompensiert werden.

In diesem Wissen ließ sich der deprimierend fehlgeschlagene Versuch einer Rückkehr ans Pult verwinden, als er im Januar 1996 der Einladung seiner Kapelle nicht mehr nachkommen konnte. Ursprünglich sollten damals Mozarts Klarinettenkonzert A-Dur und die 8. Sinfonie von Antonín Dvořák unter seiner Stabführung erklingen – keine zufällige Kombination, waren doch beide Stücke Favoriten seines Repertoires, und Soloklarinettist Matthias Glander war bereits schon einmal, 1988, sein Favorit für Mozarts instrumentalen Schwanengesang gewesen. Hatte die erste Probe noch wie geplant begonnen (Musiker berichten, alles sei wieder wie von selbst »dagewesen«), brach er an deren Ende zusammen und konnte nur durch rechtzeitige medizinische Versorgung ins Leben zurückgeholt werden; (der hierbei Verantwortung tragenden Ärztin, Frau Dr. Hannelore Baumann, soll auf seinen Wunsch an dieser Stelle gedacht werden).

120

*Bei den Proben zu
Mozarts
Klarinettenkonzert,
1996:*

*… mit dem Solisten
Matthias Glander
und dem
Konzertmeister
Wolf-Dieter Batzdorf*

*… mit Matthias
Glander,
Wolfgang Löwe,
Christian
Trompler,
Lothar Friedrich
und
Horst Krause*

*… mit Wolfgang
Löwe und
Horst Krause*

121

Wie die beiden Werke dieses Programms nach mancher Moll-trübung optimistisch ausklingen, so konnte auch die unfreiwillige Vakanz am Pult der Staatskapelle in einer für alle Beteiligten glück-lichen Weise gelöst werden. Dass dem Einspringer kaum Besseres passieren konnte, wird man nicht als übertrieben bezeichnen. Sebas-tian Weigle, Solohornist der Staatskapelle seit der späten Ära Suitner und danach Assistent von Daniel Barenboim, leitete zum ersten Mal ein Anrechtskonzert und begeisterte seine Kollegen, das Publikum *und* die Rezensenten in einer Weise, dass seine Dirigentenkarriere einen tatsächlich rasanten Aufschwung erlebte. Der Staatsoper Unter den Linden ist er heute als Staatskapellmeister verbunden, einer der beliebtesten und erfolgreichsten Dirigenten des Hauses.

Bei der unermesslich reichen »Ernte« von Suitners Berliner Jahren fehlt somit nur eines: der Nachsommer.

Nachwort

Was bleibt, ist der Dank des Autors an jene, die diese Publikation ermöglicht haben, zuallererst natürlich an den Jubilar selbst. Herr Prof. Suitner war meiner Idee, ihm zu seinem 80. Geburtstag diese Würdigung zuteil werden zu lassen, von Anfang an in einem Maße aufgeschlossen, das alle Erwartungen übertraf. Als ich ihn im Frühjahr 2000 zum ersten Mal besuchte, verband uns außer spontaner Sympathie wenig. Dass sich in über einem Dutzend (mehrstündiger) Gespräche keine durch Herkunft oder Alter bedingte Distanz, sondern herzliches Einvernehmen entwickelte, erleichterte meine Arbeit ungemein und gab unseren Gesprächen eine beglückende Tiefe – ein Geschenk, das Otmar Suitner mir und damit hoffentlich auch meinen Lesern gemacht hat.

Tatsächlich erwies er sich bei vielen Thema in fulminanter Weise als auskunftsfreudig, ohne mir inhaltliche Restriktionen aufzuerlegen. Dass ich in diesem Kontext (sehr dezidiert) nachgefragt habe, was er *nicht* veröffentlichen wolle, gebot unser intensives Vertrauensverhältnis. Sich darüber – aus wissenschaftlichen oder persönlichen Motiven – hinwegzusetzen, hätte den Sinn dieses Buches verfehlt. So werden etliche Dokumente aus den Archiven ignoriert, die zwar den hier Portraitierten in denkbar günstigem Licht zeigen – andere gibt es sowieso nicht –, jedoch langjährige Weggefährten beschädigen könnten; die daraus resultierende Unvollständigkeit mancher Passagen werde ich gegebenenfalls anlässlich einer späteren Publikation beheben können. Diesbezügliche Einwände, aus der Geschichte der Staatskapelle seien willkürlich bestimmte Ereignisse gewählt worden, missverstehen die Intention dieses Textes: Es geht um die Prioritäten desjenigen, der hier im Mittelpunkt steht – statt Ranküne dominiert eine altersweise Milde.

Ähnlich wie bei den geschichtlichen verhält es sich mit den künstlerischen Aspekten: Suitners mitunter geringem Interesse an Rezensionen seiner Auftritte entspricht mein Bemühen, mich auf kontextuell aussagekräftige Beiträge zu beschränken. So konstituiert sich das hier Berichtete zu weiten Teilen aus »oral history« und vereint in ganz unprätentiöser Absicht die Erinnerungen an seine künstlerische Arbeit, was dem Titel dieses Buches gemäß, durch Musiker und andere Weggefährten der Staatskapelle ermöglicht wurde. Für ihre Mitarbeit bedanke ich mich ebenfalls herzlich.

Bei einem nicht gerade unaufwendig zu realisierenden Projekt verdienen natürlich auch jene Beachtung, die es finanzieren. Der großzügigen Unterstützung durch die Staatsoper Unter den Linden gilt mein Dank, weil ohne sie der Druck nicht möglich gewesen wäre. Susanne Van Volxem vom Henschel-Verlag nahm sich in freundlicher Weise meinem Vorhaben an und stimmte einer nachträglichen Aufnahme ins Verlagsprogramm zu. Und meiner Lektorin Giselind Rinn danke ich, dass sie trotz eminenten Zeitdrucks mein Manuskript mit allergrößter Sorgfalt und fachlicher Kompetenz betreute.

Der Orchestervorstand der Staatskapelle Berlin begleitete meine Pläne mit einer Begeisterung, die sich nicht auf die Phase der Verwirklichung beschränkte. Hier war unzweifelhaft ehrliche Sympathie für den alten Chef und auch für mich im Spiel, wie man es sich nur wünschen, aber nicht erwarten konnte: Vielen Dank an Prof. Lothar Friedrich, Matthias Glander und Egbert Schimmelpfennig, der mir in einem sonntagabendlichen Telefongespräch im November 1999 spontan Hilfe zusagte und mich damit erst ermutigte, meinen Überlegungen Taten folgen zu lassen.

Herrn Prof. Friedrich erlaube ich mir, aus dieser Trias helfender Hände nochmals besonders hervorzuheben. Mit Suitner seit langen Jahren befreundet, konnte er mir zahllose Hinweise von großem Wert geben – abgesehen davon, dass er auf uneigennützige Weise mit Kost und Logis in Berlin auch den »profanen« Rahmen des nun Vollendeten sichergestellt hat. Daheim im Rheinland fällt diese Rolle meiner Freundin Britta zu, die mir zudem nicht nur bei der Durchsicht des Manuskriptes geholfen hat, sondern darüber hinaus – was nicht zu unterschätzen ist – mich auch in der schlimmsten Phase meiner Arbeitswut mit Liebe ertragen hat. Ihr widme ich diese Arbeit.

Anhang

Diskografie:
Aufnahmen mit der Staatskapelle Berlin

Ludwig van Beethoven
- Sinfonien Nr. 1–9
  Ouvertüren: Coriolan op. 62, Egmont op. 84, Leonore III op. 72a,
  Die Geschöpfe des Prometheus op. 43, Fidelio op. 72
  Magdalena Hajossyova, Uta Priew, Eberhard Büchner, Siegfried Lorenz,
  Rundfunkchor Berlin
  6-CD-Box (Denon) und Einzelausgaben. Zur Zeit nicht erhältlich.

Johannes Brahms
- Sinfonien Nr. 1–4
  4 CDs (Berlin Classics), zur Zeit nicht erhältlich.
- Ungarische Tänze Nr. 1–21
  1 CD (Denon), zur Zeit nicht erhältlich.

Reiner Bredemeyer
- Bagatellen für B u. a.
  Walter Olbertz, Klavier
  1 CD (Wergo).

Anton Bruckner
- Sinfonien Nr. 1 c-Moll (Linzer Fassung) und Nr. 8 c-Moll (Fassung 1889/90)
  2 CDs (Berlin Classics), zur Zeit nicht erhältlich.
- Sinfonie Nr. 4 Es-Dur »Romantische« (Fassung 1878/80)
  1 CD (Berlin Classics), zur Zeit nicht erhältlich.
- Sinfonie Nr. 5 B-Dur (Originalfassung)
  1 CD (Berlin Classics), zur Zeit nicht erhältlich.

Paul Dessau
- Symphonische Adaptation des Es-Dur-Quintetts von Mozart (KV 614)
  für großes Orchester (1965)
  1 CD (Berlin Classics), Vol. II der Dessau-Edition.
- Einstein
  Theo Adam, Reiner Süß, Peter Schreier u. a., Chor der Deutschen Staatsoper Berlin
  2 CDs (Berlin Classics).

- Leonce und Lena
  Eberhard Büchner, Carola Nossek, Reiner Süß, Peter Menzel, Peter Oelsch,
  Brigitte Eisenfeld, Henno Garduhn, Günther Leib, Günter Kurth,
  Chor der Deutschen Staatsoper Berlin
  2 CDs (Berlin Classics).

Antonín Dvořák Sinfonien
- Nr. 1 a-Moll op. 3 »Die Glocken von Zlonické«,
  Nr. 2 B-Dur op. 4 (1865) und Nr. 3 Es-Dur op. 10
  2 CDs (Berlin Classics).
- Sinfonien Nr. 4 d-Moll op. 13 und Nr. 5 F-Dur op. 76
  1 CD (Berlin Classics).
- Sinfonien Nr. 6 D-Dur op. 60 und Nr. 7 d-Moll op. 70
  1 CD (Berlin Classics).
- Sinfonie Nr. 8 G-Dur op. 88
  Ouvertüren: »Mein Heim« op. 62, »Husitská« op. 67
  1 CD (Berlin Classics).
- Sinfonie Nr. 9 c-Moll op. 95 »Aus der neuen Welt«
  Ouvertüren: »In der Natur« op. 91, »Othello« op. 93, »Carneval« op. 92
  1 CD (Berlin Classics), zur Zeit nicht erhältlich.

Edvard Grieg
- Drei Orchesterstücke op. 56 (zu »Sigurd Jorsalfar«)
  Zwei Sätze aus den »Lyrischen Stücken« nach op. 54
  Norwegische Tänze op. 35
  Suite »Aus Holbergs Zeit« op. 40, Bearb. für Streichorchester
  1 CD (Berlin Classics).

Johann Adolf Hasse
- Die listige Magd (La serva scaltra)
  Gesamtaufnahme in deutscher Sprache
  Brigitte Eisenfeld, Reiner Süß, Mitglieder der Staatskapelle Berlin
  2 CDs (Berlin Classics).

Joseph Haydn
- Violinkonzerte C-Dur und G-Dur
  Karl Suske
  1 LP (ETERNA), zur Zeit nicht erhältlich.

Paul Hindemith
- Sinfonie in Es (1940) u. a.
  1 LP (ETERNA), zur Zeit nicht erhältlich.

Gustav Mahler
- Sinfonie Nr. 2 c-Moll »Auferstehungssinfonie«
  Magdalena Hajossyova, Uta Priew, Chor der Deutschen Staatsoper Berlin
  1 CD (Berlin Classics).
- Sinfonie Nr. 5 cis-Moll
  1 CD (Berlin Classics).
- Vier Lieder aus »Des Knaben Wunderhorn«. Siegfried Lorenz
  (u. a. mit »Fünf Lieder nach Friedrich Rückert«,

BSO, Ltg. Günther Herbig)
1 CD (Berlin Classics).

Ernst Hermann Meyer
- Violinkonzert (1963/64)
  David Oistrach, Violine
  1 LP (ETERNA), zur Zeit nicht erhältlich.
- Sinfonie in B (1967/68) u. a.
  1 LP (NOVA), zur Zeit nicht erhältlich.

W. A. Mozart
Così fan tutte, KV 588
- Opernquerschnitt in deutscher Sprache
  1 CD (Berlin Classics).
- Gesamtaufnahme in italienischer Sprache
  Celestina Casapietra, Annelies Burmeister, Peter Schreier,
  Günther Leib, Sylvia Geszty, Theo Adam
  2 CDs (Berlin Classics).
- Ouvertüren zu: »La finta giardiniera« KV 136, »Idomeneo« KV 366, »Così fan
  tutte« KV 588, »Die Entführung aus dem Serail« KV 384, »Der Schauspieldirektor«
  KV 486, »La clemenza di Tito« KV 621, »Le nozze di Figaro« KV 492,
  »Don Giovanni« KV 527, »Die Zauberflöte« KV 621
  1 CD (Berlin Classics »Eterna« / Low price Label).
- Tenor-Arien. Peter Schreier
  1 LP (ETERNA), zur Zeit nicht erhältlich.
- Sopran-Arien. Jutta Vulpius
  1 CD (Berlin Classics).
- Serenade D-Dur KV 250 »Haffner-Serenade«, Marsch D-Dur KV 249
  Wolf-Dieter Batzdorf, Violine
  1 CD (Denon), zur Zeit nicht erhältlich.

Hans Pfitzner
- Musik zu Kleists »Käthchen von Heilbronn« op. 17
  (mit: Hugo Wolf, »Penthesilea«. Sinfonische Dichtung;
  Richard Strauss, »Die Frau ohne Schatten«. Fantasie für großes Orchester op. 65)
  1 CD (Berlin Classics).
- Palestrina
  (Mitschnitt einer konzertanten Aufführung im Schauspielhaus Berlin)
  Peter Schreier, Siegfried Lorenz, Ekkehard Wlaschiha, Fritz Hübner,
  Hans-Joachim Ketelson, Carola Nossek, Rosemarie Lang, Peter-Jürgen Schmidt,
  Chor der Deutschen Staatsoper Berlin
  3 CDs (Berlin Classics).

Max Reger
- Variationen und Fuge über ein Thema von Beethoven op. 86
  Konzert im alten Stil op. 123
  Eine Ballettsuite op. 130
  Karl Suske und Heinz Schunk, Violine
  1 CD (Berlin Classics), zur Zeit nicht erhältlich.

Gioachino Rossini
Der Barbier von Sevilla
- Opernquerschnitt in deutscher Sprache
  1 CD (Berlin Classics).
- Gesamtaufnahme in deutscher Sprache. Peter Schreier, Fritz Ollendorf,
  Ruth-Margret Pütz, Hermann Prey, Annelies Burmeister, Franz Crass,
  Harald Neukirch, Rolf Kühne, Solistenvereinigung des Berliner Rundfunks
  2 CDs (Berlin Classics).

Franz Schubert
- Sinfonien Nr. 1 D-Dur D 82 und Nr. 2 B-Dur D 125
  1 CD (Denon »This is classic«).
- Sinfonien Nr. 3 D-Dur D 200 und Nr. 6 C-Dur D 589
  1 CD (Denon), zur Zeit nicht erhältlich.
- Sinfonie Nr. 4 c-Moll D 417 »Tragische«
  Ouvertüre zu »Die Zauberharfe« D 644
  Musik zu »Rosamunde« (Ausschnitte) D 797
  1 CD (Denon), zur Zeit nicht erhältlich.
- Sinfonien Nr. 5 B-Dur D 485 und Nr. 7 h-Moll D 759 »Unvollendete«
  1 CD (Denon), zur Zeit nicht erhältlich.
- Sinfonie Nr. 8 C-Dur D 944
  1 CD (Denon), zur Zeit nicht erhältlich.
- Alfonso und Estrella. Hermann Prey, Edith Mathis, Theo Adam,
  Dietrich Fischer-Dieskau, Peter Schreier, Magdalena Falewicz,
  Eberhard Büchner, Horst Gebhardt, Rundfunkchor Berlin
  3 CDs (Berlin Classics).   .

Franz Schubert/Friedrich Wilckens
- Zwei Märsche op. 121 D 866
  (mit: W. A. Mozart, Ouvertüre zu »Don Giovanni« KV 527;
  Ludwig van Beethoven, Sinfonie Nr. 5 c-Moll op. 67)
  1 CD (Pilz), zur Zeit nicht erhältlich (Rundfunkproduktionen).

Manfred Schubert
- Canzoni amorosi (1973). Konzert für Bariton und Orchester
  Günther Leib, Bariton
  1 LP (ETERNA).

Robert Schumann
- Sinfonien Nr. 1 B-Dur op. 38 »Frühlingssinfonie« (Urfassung) und
  Nr. 3 Es-Dur op. 97 »Rheinische«
  1 CD (Denon), zur Zeit nicht erhältlich.
- Sinfonien Nr. 2 C-Dur op. 61 und Nr. 4 d-Moll op. 120
  1 CD (Denon »This is classic«).

Richard Wagner
- René Kollo singt Wagner, Vol. 1
  aus: »Der fliegende Holländer«, »Lohengrin«, »Tannhäuser«, »Rienzi«,
  »Die Meistersinger von Nürnberg«
  1 CD (Berlin Classics).

- René Kollo singt Wagner, Vol. 2
  aus: »Der Ring des Nibelungen«, »Tristan und Isolde«, »Parsifal«
  1 CD (Berlin Classics).
- Theo Adam singt Opernszenen von Richard Wagner
  aus: »Der fliegende Holländer«, »Die Walküre«, »Die Meistersinger von
  Nürnberg«, »Tristan und Isolde«, »Parsifal«
  1 CD (Berlin Classics).
- Lohengrin. Opernquerschnitt
  Martin Ritzmann, Hanne-Lore Kuhse, Ludmila Dvořáková, Karl-Heinz Stryczek,
  Theo Adam, Chor der Deutschen Staatsoper Berlin
  1 CD (Ars Vivendi/Magna), zur Zeit nicht erhältlich.

Carl Maria von Weber
- Ouvertüren zu: »Oberon«, »Peter Schmoll« op. 8,
  »Beherrscher der Geister« (»Rübezahl«) op. 27, »Preziosa« op. 78,
  Jubel-Ouvertüre op. 59
  1 CD (Berlin Classics).

Beliebte Chöre aus deutschen Opern
  Chor der Deutschen Staatsoper Berlin
  Ingeborg Springer (Mezzosopran), Peter Bindszus (Tenor), Bernd Riedel (Bariton)
  1 CD (Berlin Classics), zur Zeit nicht erhältlich.

Beliebte Chöre aus italienischen und französischen Opern
  Chor der Deutschen Staatsoper Berlin und Kinderchor des Philharmonischen
  Chores Dresden
  1 CD (Berlin Classics), zur Zeit nicht erhältlich.

Ein Opernabend mit Siegfried Vogel
  Arien von W. A. Mozart »Don Giovanni«, »Figaro«, Gioachino Rossini
  »Il barbiere«, Richard Strauss »Der Rosenkavalier«, Richard Wagner »Parsifal«
  (»Wie dünkt mich doch die Aue heut' so schön«, mit Spas Wenkoff: Gurnemanz,
  Theo Adam: Parsifal)
  1 LP (ETERNA), zur Zeit nicht erhältlich.

Eberhard Büchner singt Arien aus Deutschen Opern
  Otto Nicolai: »Horch, die Lerche singt im Hain« (Die lustigen Weiber von
  Windsor), Albert Lortzing: »Hinweg, hinweg« (Undine), Friedrich v. Flotow:
  »Ach so fromm, ach so traut, hat mein Auge sie erschaut« (Martha) und aus
  Richard Strauss: »Capriccio«, Richard Wagner: »Die Meistersinger«,
  »Tannhäuser«, »Das Rheingold«, »Der fliegende Holländer«, »Lohengrin«
  1 LP (ETERNA), zur Zeit nicht erhältlich.

Rundfunkproduktionen der Staatskapelle Berlin
unter der Leitung von Otmar Suitner

Die hier aufgelisteten Bänder befinden sich heute im Deutschen Rundfunkarchiv (DRA) in Potsdam-Babelsberg. Da die dortigen Bestände noch nicht EDV-erfasst sind und über Zettelkästen ermittelt werden müssen, kann keine Garantie auf Vollständigkeit erhoben werden. Bei den Aufnahmen handelt es sich um Produktionen, die in der Regel ausschließlich für eine Verbreitung über das Radio bestimmt waren. Die Mozart-Ouvertüren von 1970 beispielsweise sind nicht identisch mit den 6 Jahre später in der Christuskirche Oberschöneweide aufgenommenen, die heute bei Berlin Classics auf CD erhältlich sind. Die Klangqualität der DDR-Rundfunkaufnahmen war allerdings sehr hoch.

Das Mitte der 50er Jahre eröffnete DDR-Rundfunkhaus Nalepastraße, wie die Dependance von VEB Deutsche Schallplatten ebenfalls in Oberschöneweide gelegen, bot mit seinem großen Saal ein akustisch wie optisch imposantes und heute unter Denkmalschutz stehendes Studio, das in Fachkreisen legendären Ruf genießt. Zumal bei größeren Besetzungen ist hier ein geradezu traumhaft ausbalancierter, gleichermaßen homogener und analytischer Klang möglich. Demgegenüber sind die zahlreichen Sendesäle, die in den 50er Jahren in Westdeutschland eröffnet wurden, einer gänzlich anderen Ästhetik verpflichtet. Mit ihrem sehr trockenen Klang sind sie vor allem für die Aufführung großbesetzter spätromantischer Partituren wenig geeignet. Otmar Suitners Nachfolger im Amt, Daniel Barenboim, hat also gewissermaßen eine Tradition wiederbelebt, als er mit der Staatskapelle Berlin im ehemaligen DDR-Funkhaus sowohl Gesamtaufnahmen von Wagner-Opern (TANNHÄUSER, LOHENGRIN, DER FLIEGENDE HOLLÄNDER) als auch den Beethoven-Zyklus einspielte. (Teldec-Aufnahmeleiter Martin-Fouqué erklärte dazu in einer Werbebroschüre: »Ich lege meine Hand dafür ins Feuer, dass zur Zeit auf der Welt nichts Besseres zu finden ist.«) Wegen dieser Qualitäten möge die hier aufgeführte Dauer der einzelnen Titel dazu beitragen, den einen oder anderen auf CD wiederzuveröffentlichen.

Aufnahmen einzelner Stücke

Komponist	Werk (Dauer in Minuten)	Aufnahmedatum
Ludwig van Beethoven	• Sinfonie Nr. 5 c-Moll op. 67 (33'00)	10./11.11.1968
	1. Satz: Allegro con brio (8'15)	
	2. Satz: Andante con moto (10'45)	
	3. Satz: Allegro – attacca	
	4. Satz: Allegro (zusammen 14'00)	
Günter Bialas	• Romanzero (18'35)	17.1.1967
	1. Satz: Romanze (4'10)	
	2. Satz: Serenata (6'25)	
	3. Satz: Ballade (8'00)	
W.A. Mozart	• Ouvertüre zu »Cosi fan tutte« KV 588 (4'35)	31.3.1970
	• Ouvertüre zu »Don Giovanni KV 527 (6'00)	31.3.1970
	• Ouvertüre zu »Die Entführung aus dem Serail«	
	KV 384 (5'25)	31.3.1970
Franz Schubert	• »Lebensstürme«, Sinfonisches Poem op. 144	27./29. Sept. 1965
	Bearbeiter: Friedrich Wilckens (11'25)	
	• Marsch Nr. 1 op. 121 (»Reitermarsch«)	27./29.9.1965
	Bearbeiter: Friedrich Wilckens (7'45)	
	• Marsch Nr. 2 op. 121,	1.10.1965
	Bearbeiter: Friedrich Wilckens (7'50)	
Manfred Schubert	• Canzoni amorosi (1973) (22'25).	23.–25.2.1974
	Konzert für Bariton und Orchester auf Gedichte	
	von Johannes Bobrowski	
	»Mein Himmel wechselt mit Deinem…«	
	1. »Vogelnest« – Interludium 1 –	
	2. »Mit deiner Stimme« – Interludium 2 –	
	3. »Dryade« – Interludium 3 –	
	4. »September«	
	Günther Leib, Bariton	
Johann Strauß	• An der schönen blauen Donau, Walzer, op. 314 (10'10)	4.12.1966
	• Annen-Polka op. 117 (4'40)	4.12.1966
	• Ouvertüre zu »Die Fledermaus« (8'45)	4.12.1966
Richard Strauss	• Vorspiel zum 3. Akt »Arabella« (3'10)	14.7.1970
	• Vorspiel zu »Ariadne auf Naxos« (2'45)	14.7.1970
	• Fantasie für großes Orchester aus der Oper	15.7.1970
	»Die Frau ohne Schatten« (20'25)	
Richard Wagner	• Vorspiel zum 1. Akt »Lohengrin« (7'20)	15.4.1968
	• Vorspiel zum 3. Akt »Lohengrin« (3'05)	15.4.1968
	• »Siegfried-Idyll«, Sinfonische Dichtung (19'05)	15.4.1968
	• Ouvertüre zu »Tannhäuser« (15'40)	30.3.1970
	• Venusberg-Bacchanale aus »Tannhäuser« (11'40)	20.4.1968
	• Vorspiel zum 3. Akt »Tannhäuser« (7'50)	20.4.1968

Aufnahmen von Sinfoniekonzerten

Abschlusskonzert der Berliner Festtage 1964 (93'00)
    Staatsoper Berlin
    Arnold Schönberg: 5 Orchesterstücke op. 16
    Robert Schumann: Konzert für Violoncello und Orchester a-Moll op. 129
    Hanns Eisler: Kleine Sinfonie
    Igor Strawinsky: Der Feuervogel
    Paul Tortelier, Violoncello
    11.10.1964
Konzert der Staatskapelle Berlin (123'20)
    Staatsoper Berlin
    W. A. Mozart: Konzert für Violine und Orchester A-Dur KV 219
    Ernst Hermann Meyer: Konzert für Violine und Orchester (UA)
    Johannes Brahms: Sinfonie Nr. 4 e-Moll op. 98
    David Oistrach, Violine
    5.3.1965
Abschlusskonzert der Berliner Festtage 1965 (99'25)
    Staatsoper Berlin
    Paul Dessau: Symphonische Adaptation (UA)
    W. A. Mozart: Sinfonia concertante KV 364
    Max Reger: Variationen und Fuge über ein Thema von Mozart
    Egon Morbitzer, Violine, Alfred Lipka, Viola
    16.10.1965
Aus dem Abschlusskonzert der Berliner Festtage 1967
    Staatsoper Berlin
    Paul Dessau: »Das Meer der Stürme«,
    Orchestermusik Nr. 3 (18'00)
    14.10.1967
Eröffnungskonzert der Berliner Festtage 1975 (90'10).
    Staatsoper Berlin
    Paul Dessau: »In memoriam Bertolt Brecht«
    Peter Tschaikowski: Violinkonzert D-Dur op. 35
    Antonín Dvořák: Sinfonie Nr. 8 G-Dur op. 88
    Konstanty Kulka, Violine
    26.9.1975
Eröffnungskonzert der 5. Musikbiennale (76'05)
    Staatsoper Berlin
    Hanns Eisler: »Kleine Sinfonie« (10'20)
    Sergei Prokofjew: Konzert für Klavier und Orchester Nr. 2 (33'00)
    Paul Dessau: Symphonische Adaptation (25'00)
    Jewgeni Mogilewski, Klavier
    14.2.1975

Sinfoniekonzert (89'00)
  Staatsoper Berlin
  Ludwig van Beethoven: Ouvertüre »Die Weihe des Hauses« op. 124,
  Konzert für Klavier und Orchester Nr. 1 C-Dur op. 15,
  Sinfonie Nr. 2 D-Dur op. 36
  Erika Frieser, Klavier
  5.3.1977
Sinfoniekonzert »Beethoven-Ehrung« (85'15)
  Staatsoper Berlin
  Giovanni Battista Viotti: Konzert für Violine und Orchester Nr. 22 a-Moll
  Ludwig van Beethoven: Sinfonie Nr. 3 Es-Dur op. 55 »Eroica«
  Hierotsuku Kurosaki, Violine
  22.3.1977
Abschlusskonzert der Berliner Festtage 1978 (82'30)
  Staatsoper Berlin
  Franz Schubert: Sinfonie Nr. 8 h-Moll D 759 »Unvollendete« (24'00),
  Sinfonie C-Dur D 944 (50'30)
  14.10.1978
Sinfoniekonzert (58'42)
  Staatsoper Berlin
  Antonio Vivaldi: Konzert für zwei Violinen, Violoncello, Streichorchester und
  Continuo d-Moll op. 3, Nr. 11 (RV 565) (11'12)
  Alban Berg: Sieben frühe Lieder (14'50)
  Hugo Wolf: »Penthesilea«, Sinfonische Dichtung (25'10)
  Gloria Davy, Sopran
  12.6.1980
Eröffnungskonzert der Berliner Festtage 1982 (90'25)
  Staatsoper Berlin
  Hanns Eisler: »Kleine Sinfonie« op. 29 (11'35)
  Sergei Prokofjew: Klavierkonzert Nr. 3 C-Dur op. 26 (29'30)
  Johannes Brahms: Sinfonie Nr. 1 c-Moll op. 68 (39'50)
  Jorge-Luis Prats, Klavier
  1.10.1982
Sinfoniekonzert im Rahmen der Berliner Festtage 1984 (113'37)
  Schauspielhaus Berlin
  W. A. Mozart: Sinfonie Nr. 38 D-Dur KV 504 »Prager« (20'30)
  Richard Strauss: Don Quixote op. 35
  Franz Schubert: Sinfonie C-Dur D 944 (44'00)
  Manfred Schumann, Viola; Karl-Heinz Schröter, Violoncello
  3.10.1984
Abschlusskonzert der Weltmusikwoche (94'27)
  Schauspielhaus Berlin
  Johann Sebastian Bach: Präludium und Fuge h-Moll BWV 544 für Orgel (12'45)
  Alban Berg: Konzert für Violine und Orchester (29'00)
  Johannes Brahms: Sinfonie Nr. 1 c-Moll op. 68 (45'55)

Magdalena Rezler, Violine; Joachim Dalitz, Orgel
4.10.1985
Sinfoniekonzert
Schauspielhaus Berlin
Anton Bruckner: Sinfonie Nr. 8 c-Moll (84'16)
9.9.1986
Sinfoniekonzert (116'05)
Schauspielhaus Berlin
Ludwig van Beethoven: Konzert für Violine und Orchester D-Dur op. 61 (48'08)
Manfred Schubert: Canzoni amorosi (29'50)
Robert Schumann: Sinfonie Nr. 1 B-Dur op. 38 (erste öffentliche Aufführung der Erstfassung) (30'50).
Sergej Stadler, Violine; Siegfried Lorenz, Bariton
5.3.1987
Sinfoniekonzert (97'48)
Schauspielhaus Berlin
Johannes Brahms: Konzert für Violine und Orchester D-Dur op. 77 (44'02)
W. A. Mozart: Sonate für Klavier A-Dur KV 331 (15'20)
Max Reger: Variationen und Fuge über ein Thema von Mozart (30'50)
Oleg Kagan, Violine; Rolf-Dieter Arens, Klavier
8.5.1987
Eröffnungskonzert der Berliner Festtage 1987, Chorsinfonisches Konzert (80'06)
Schauspielhaus Berlin
Carl Maria von Weber: Ouvertüre zu »Der Freischütz« (10'33)
Siegfried Matthus: »Die Liebesqualen des Catull«, musikalisches Drama (Nachdichtung Erich Fabian) (32'10)
Max Reger: Variationen und Fuge über ein Thema von Mozart op. 132 (30'48)
Brigitte Eisenfeld, Sopran; Egbert Junghans, Bariton; Rundfunkchor Berlin
25.9.1987

Anmerkungen

1 Suitner sah dies ein wenig nüchterner: »Die goldenen Schallplatten haben Sie selbst gemacht. Denn ich spiele ja nicht.« (privater Videomitschnitt).

2 In der originalen Dialektdiktion zitiert nach: Das Fenster, Tiroler Kulturzeitschrift, Heft 2, Innsbruck, Herbst 1967, S. 104.

3 Zitiert nach mündlichen Aussagen Suitners aus Gesprächen, die der Autor zwischen März 2000 und November 2001 mit ihm führte. Diese Zitate werden im Folgenden nicht mehr in den Anmerkungen aufgeführt.

4 Vgl. Das Fenster, a.a.O.

5 Theater der Zeit, 8/1981, S. 19.

6 Suitner scheiterte, wie er heute mit Humor bemerkt, an Mozarts FIGARO-Ouvertüre; beim zweiten Versuch überzeugte er Krauss dann mit der FREISCHÜTZ-Ouvertüre. Beide populären Stücke gehörten später seinem Repertoire an. Gleichermaßen zu eigen machte sich Suitner aber auch jenes beinahe vergessene Werk, das er bei seinem Debüt im Großen Saal des Mozarteums dirigierte: Hans Pfitzners Ouvertüre zu Kleists KÄTHCHEN VON HEILBRONN, die er auch mit der Staatskapelle Berlin einspielen sollte.

7 Vgl. Anmerkung 101.

8 In den letzten Kriegsmonaten wurde Suitner doch noch eingezogen und kam an die Front bei Reutte (Tirol); vgl. die Schilderung seiner Kriegserlebnisse in: Das Fenster, a.a.O., S. 110.

9 Für die Mitbegründung des dortigen Festivals wurde ihm später die Ehrennadel verliehen.

10 Das Fenster, a.a.O., S. 111.

11 Seine Adresse (mit Telefonnummer) findet sich im WER IST WER von 1955 und in KÜRSCHNERS BIOGRAPHISCHEM THEATERHANDBUCH. Als seine Hobbys sind hier übrigens Schach und »Roulette-Theorie« angegeben.

12 Seit 1998 sind die Orchester beider Städte fusioniert und firmieren unter dem Namen »Bergische Symphoniker GmbH«.

13 Suitner war u. a. mit dem Rundfunksinfonie-Orchester Leipzig und dem Gewandhausorchester aufgetreten, mit dem er Haydns Militärsinfonie und Mozarts »Kleine« g-Moll-Sinfonie KV 183 einspielte.

14 Bei den acht Beethoven-Konzerten des Städtischen Berliner Sinfonie-Orchesters in der Saison 1956/57 wurden neben ihm so etablierte Künstler wie die Generalmusikdirektoren Rudolf Neuhaus und Heinz Bongartz engagiert, der erste von der Dresdner Staatsoper, der zweite (als Chefdirigent) von der Dresdner Philharmonie. Mit diesen Namen in der Programmvorschau präsentiert zu werden, war für Suitner von Gewinn.

15 Als ihm die musikalische Leitung der Hamburgischen Staatsoper vom Intendanten Rolf Liebermann angetragen wurde, versuchte dieser seine Skepsis zu zerstreuen: Man werde ihm eine Brücke in das neue Amt bauen. Suitner konterte trocken: »Aber diese Brücke hat kein Geländer!«

16 Hans Pischner, Premieren eines Lebens, Berlin (Ost) 1986, S. 266.

17 1952 war Dresden der Status als sächsische Landeshauptstadt genommen worden. Der neu verliehene Titel »Bezirksstadt« bedeutete eine Degradierung, da er eine zumindest nominelle Gleichstellung mit Städten wie Neubrandenburg oder Frankfurt/Oder beinhaltete.

18 Bundesarchiv Berlin, DR$_1$ 337. Aktenvermerk Kurt Bork vom 22.7.1959.

19 Ebd.

20 Bundesarchiv Berlin, DR$_3$/B 10253, Blatt 3–4: Bei der Ernennung des neuen Lindenopernchefs zum Professor (Brief vom 23. August 1965) äußert sich Bork allerdings enthusiastisch. Persönliche Überzeugungen gegen Suitner lagen bei ihm wohl nicht vor.

21 Bundesarchiv Berlin, DR$_2$ 337.

22 Der Spiegel, 7.2.1966, S. 129; 21.2.1966, S. 133.

23 Eberhard Steindorf, Wie Glanz von altem Gold. 450 Jahre Sächsische Staatskapelle Dresden, Kassel 1998, S. 250/51.

24 Bundesarchiv Berlin, Dy 30/IVA2/2.024/31.

25 Ebd.; sowie auch die Stellungnahme Kurt Sanderlings (ebd.). Der seit 1960 für mehr als eineinhalb Jahrzehnte amtierende Chefdirigent des Berliner Sinfonie-Orchesters war von 1964-67 zusätzlich Nachfolger Otmar Suitners in Dresden. Er verabschiedete sich ebenfalls mit scharfer Kritik an den hiesigen Verhältnissen, um wie sein Vorgänger der Dresdner Staatskapelle im Studio und auf Reisen verbunden zu bleiben.

26 Ebd., Hervorhebungen vom Autor.

27 Ebd.

28 Ebd., Hervorhebungen vom Autor.

29 Ebd.

30 Ebd.

31 Süddeutsche Zeitung, 16.8.1982, S. 24.

32 Die ihm zur Seite stehenden Dirigenten waren zum Zeitpunkt seines Amtsantritts bereits runde drei Jahre eingearbeitet. Heinz Fricke »überlebte« die Ära Suitner bis 1992, sein Mitstreiter Rögner schied 1970 aus. Beider Karrieren verdienen kurze Beachtung: Die eine führte nach der Wende zur Washingtoner Oper, die andere 1973 ans Rundfunk-Sinfonieorchester Berlin sowie zum Youmiri Nippon Orchestra Tokyo.

33 Der Spiegel, Nr. 40/1967, 25.9.1967, S. 84 (zitierter Textausschnitt), S. 86 (Fotos/Bildunterschrift).

34 Laut Spiegel arbeitete Nawrocki damals als Wirtschaftskorrespondent der FAZ.

35 Während Fernseh-Chefpropagandist Karl Eduard (»Sudel-Ede«) von Schnitzler hüben wie drüben eine Zielscheibe des Hasses war, jubelten die Ostberliner Hörer ihrem neuen GMD zu: ein entscheidender Unterschied, der es bereits verbietet, die beiden auf eine Stufe zu stellen.

36 Man spürt Suitners Bescheidenheit, wenn er über Lob und Tadel von zwei dirigierenden Übervätern berichtet: Karl Böhm, der neben ihm den R$_{ING}$ dirigierte und für Philips aufnahm, begrüßte ihn mit echtem Grazer Charme: »Ich bring Sie um, Suitner, weil's mir Dresden verlassen haben.« Ihm stand eine solche Bemerkung

wahrlich zu, hatte er doch mitten im 2. Weltkrieg – 1944 – die Semperoper verlassen, um an die Wiener Staatsoper zu wechseln.

Hans Knappertsbusch dagegen ermutigte den Neuling (»Ich habe soviel Gutes von Ihnen gehört in München«), was dieser in solch respekteinflößender Umgebung gut gebrauchen konnte. »Kna« – für Otmar Suitner »das größte schlagtechnische Genie nach Clemens Krauss« – konnte eine Einladung nach Berlin nicht mehr wahrnehmen, die Staatskapellendramaturg Horst Richter ausgesprochen hatte: das Programm, ihm »auf den Leib geschneidert« mit Haydns Sinfonie Nr. 88, Strauss' Tod und Verklärung und Brahms' 1. Sinfonie. Er verstarb am 25. Oktober 1965.

37 San Francisco Chronicle, Datebook, 23.11.1981, S. 58.

38 Folgende Rezensionen zu Aufführungen an der San Francisco Opera 1971–79 seien hier ausgewählt:

zu Die Meistersinger von Nürnberg *(mit Theo Adam als Hans Sachs)*
San Francisco Examiner, 2.10.1971: »Once again, the ruling figure in a strong cast was Theo Adam as Hans Sachs, the cobber-mastersinger. His voice is warm, manly baritone, used with natural, perfect musical taste and expressiveness … Honors vent again to Otmar Suitner, especially for his enchanting feeling for flowingly rapturous music. His orchestra played in first-class style.« (Alexander Fried).
San Francisco Chronicle, 4.10.1971: »It was the symphonic lyricism under Suitner that made the evening flow and brought out the inner drama.« (Robert Commenday).

zu Parsifal *(mit Jesos Thomas als Parsifal und Kurt Moll als Gurnemanz)*
San Francisco Examiner, 16.9.1979: »Otmar Suitner's heartfelt, unusually neat conducting had a winning lyric intensity and you never felt his tempos rushed or dragged – a heroic achievement in Parsifal!« (Arthur Bloomfield).
San Francisco Chronicle, 27.9.1979: »Wagners overly famous dictum that his Parsifal must not be given outside Bayreuth would never have been made had he seen and heard the current San Francisco Opera productions, one of the company's great triumphs … Suitner is the town's newest super star …« (Henwell Tirenit).

zu Salome *(mit Leonie Rysanek in der Titelpartie)*
Pacific Sun, 3.10.1974: »Supporting Rysanek's effort was the sympathetic, impassoined conducting of Otmar Suitner. He kept tight over balances so that the singers could be heard …, but never seemed to be holding back or dimming the torrent of sound coming from the pit.« (Stephanie von Buchau).
San Francisco Examiner, 23.9.1974: »Otmar Suitner conducted the performance with beautiful fluidity, warmth and sweep. Here again was evidence this years opera orchestra … produces some of the best sound that has emerged from the pit in years.« (Alexander Fried).
San Francisco Chronicle, 24.9.1974: »… Otmar Suitner and the orchestra worked marvels with the score. There may be more rhythmically forceful interpretations, but none which create a more transparent, fluid realization of ittensuous and dramatic qualities, of Strauss's psychological pictorialization of music.« (Robert Commenday).

39 Kurier, 24.11.1981, S. 13.

40 Unter den positiven Stimmen einige mit besonders charakteristischen Beobachtungen: »… Otmar Suitner, Weltbürger aus Innsbruck, dirigierte mit seiner rustikal anmutenden, von beruhigendem Handwerk zeugenden, doch nicht ohne Phantasie operierenden Schlagtechnik eine kräftig gewürzte OBERON-Ouvertüre …«. W. Schreiber, in: Kronenzeitung, 12.11.1971; aber auch: »Otmar Suitner hat … das lockere Handgelenk, Steigerungen und Tempomodifizierungen ohne sichtbaren Aufwand zu bewältigen …«. H. Schneibner, in: Wiener Kurier, 2.12.1972.

41 Kurier am Sonntag, 14.11.1971.

42 Kurier am Sonntag, 3.12.1972.

43 Arbeiterzeitung, 3.12.1972.

44 Die Presse, 4.12.1972.

45 Die Presse, 12.11.1971.

46 Dass Suitner bereits 1968 vom österreichischen Bundespräsidenten der Professorentitel zuerkannt wurde, relativiert diese Feststellung nicht.

47 Der Tagesspiegel, 26.11.1975.

48 Tiroler Tageszeitung, 21.2.1976.

49 Der stellvertretende Kulturminister Werner Rackwitz riet Suitner wegen der Neutralität Österreichs das Wiener Angebot anzunehmen.

50 Da im gleichen Kapitel ebenfalls über mögliche Einflüsse seiner Lehrer gesprochen wird, sei an dieser Stelle aus zwei Kritiken eines Konzertes mit den Münchner Philharmonikern zitiert:
Karl Schumann, in: Süddeutsche Zeitung, 12.11.1982, S. 10: »Man wusste sich bei Otmar Suitner in schlagtechnisch versierten Händen und dankte es dem Dirigenten, als eine Vereinigung von mündigen Künstlern behandelt zu werden. … Suitner fühlte sich der lyrisch-epikureischen Strauss-Interpretation nach Art seines Lehrers Clemens Krauss verpflichtet … Beiderseits der Rampe, auf dem Podium wie im Auditorium, zeigte man sich angetan von diesem … Musizierstil eines Dirigenten, der auf freundliche Weise gegen den Strom der Problematisierung des Einfachen und Naheliegenden schwimmt.«
Hans Göhl, in: Münchner Merkur, 12.11.1982, S. 12: »… ein Dirigent, der durch keinerlei Allüre die Aufmerksamkeit auf seine Person lenkt, der immer sachbezogen gestikuliert und dem Orchester das Gefühl absoluter Sicherheit vermittelt. Die Philharmoniker waren denn auch frei von jenen kleinen Nervositäten, von denen sie in Celibidache-Konzerten gelegentlich mal geplagt werden … Zu hören war ein Konzert, das man als angenehm bezeichnen könnte, … weil die Musik nicht ins Hochgestochene getrieben, sondern sozusagen in Ruhe gelassen wurde. Strauss und Brahms konnten für sich selbst sprechen. Und die Philharmoniker waren in ihrer Eigeninitiative nicht gehindert.«

51 Eine Wiederveröffentlichung dieser Einspielung fand beim Label CPO zum besonders günstigen Preis statt.

52 Bundesarchiv Berlin, Dy 30/IV A2/2.024/31 (Mikrofiche): Brief vom 10.11. 1966. Suitner hatte für die Staatskapellentournee seine Mitwirkung beim Gastspiel der Bayreuther Festspiele in Osaka abgesagt.

53 Ebd.; bezeichnend für das Denken innerhalb der Nomenklatura ist das Schreiben des stellvertretenden Kulturministers Kurt Bork an das Politbüromitglied Kurt

Hager vom 29. April 1966. Darin wird die Aversion gegen Suitners Westberliner Agenten folgendermaßen begründet: »Internationaler Ruf kann nicht errungen werden durch die Übernahme von Praktiken des bürgerlichen Theaterbetriebes ...., indem die Staatsoper sich einem Westberliner Vermittler ausliefert, ... der mit seiner Arbeit den Absichten eines Ministeriums für Gesamtdeutsche Fragen in Westdeutschland praktisch Schützenhilfe leistet.«

54 Hans Pischner, a.a.O., S. 312.
55 Formulierung Suitners, einem Brief an den Autor entnommen.
56 Bundesarchiv Berlin, DR_1/O.S. 901/232, Dokument 000071–74.
57 In zahlreichen Lexika (Herder/MGG u. a.) wird nicht betont, dass Suitner von 1971–74 der Staatsoper weiterhin die Treue hielt. Dadurch könnte beim unkundigen Leser fälschlicherweise der Eindruck entstehen, er habe seinem Haus in dieser Zeit nicht mehr zur Verfügung gestanden.
58 Bundesarchiv Berlin, DR_1/7220.
59 Bundesarchiv Berlin, DR_1/O.S. 901/323, Dokument 000054/55.
60 Beispiellos die Versuche der ZK-Abteilungsleiterin Ursel Ragwitz; vgl. Bundesarchiv Berlin, Dy 30/verl.SED 38786/2.
61 Bundesarchiv Berlin, DR_1/O.S. 901/232, Dokument 000049–51.
62 Bundesarchiv Berlin, DR_1/O.S. 901/232, Dokument 000030, Kulturminister Heinz Hoffmann an den Finanzminister Ernst Höfner. Hervorhebungen vom Autor.
63 Bundesarchiv Berlin, DR_1/O.S. 901/232, Dokument 0000035–37 (= 1. Entwurf vom 23.12.86), Dokument 000025–27 (= 2. Entwurf vom 22.5.87), Dokument 000006–9 (= Vertrag). Kulturminister Hoffmann kündigte Suitner zunächst an, dass er die Verhandlungen bis November 1986 abschließen könne. Über die Verwendung der Rente als Basis des Gehalts war Konsens erzielt worden, doch war im Entwurf vom 23.12.86 noch ein Sondervertrag bis zum 31. Juli 1990 vorgesehen, der zudem erheblich höhere Valutabezüge garantierte.
64 Günther Haußwald (Hrsg.), Dirigenten – Bild und Schrift, Berlin (West) 1965, S. 94.
65 Hansjürgen Schäfer, Otmar Suitner, in: Theater der Zeit, 15/1965, Heft 21, S. 33/34.
   Schäfer (Jg. 1930) gehörte zu den einflussreichsten Kritikern der DDR und arbeitete – nach seinem musikwissenschaftlichen Studium u. a. bei Ernst Hermann Meyer – seit 1960 als Chefredakteur bei der Zeitschrift *Musik und Gesellschaft* und als Musikkritiker beim *Neuen Deutschland*. Daneben war er auch in Fachzeitschriften und Lexika vertreten.
66 Ebd., S. 34.
67 Hans-Jochen Irmer, Vorhang zu und manche Frage offen, in: Theater der Zeit, 21/1966, Heft 15, S. 19.
68 Ebd., S. 20.
69 Ebd.
70 Ebd., S. 21.
71 Bei dieser Premierenanzahl ist zu berücksichtigen, dass die deutsch/italienische Doppelpremiere von Puccinis LA BOHÈME am 5./6.11.1967 nur einfach gezählt

wurde; genauso wurde mit der Übernahme von Händels ACIS UND GALATHEA und Hasses DIE LISTIGE MAGD 1980 im Apollosaal verfahren, der eine Premiere im Neuen Palais in Potsdam vorausgegangen war.

72 Die Darstellung dieses Sachverhaltes in den Worten Hans Pischners kann er nicht recht nachvollziehen: »Nach der Premiere des PUNTILA … kam unser damaliger Chefdramaturg Werner Otto zu mir und sagte: ›Chef, wie wäre es denn, wenn wir die ELEKTRA mit der Berghaus bringen würden?‹ Mir gefiel die Idee, Strauss gleichsam einmal von der anderen Seite anzugehen.«, Hans Pischner, a.a.O., S. 349. Der Intendant hatte Suitner allerdings mit Dessaus Brechtoper bekannt gemacht, wodurch sich als Folge auch der Kontakt zur regieführenden Ehefrau des Komponisten herstellte.

73 Manfred Schubert, in: Berliner Zeitung, 25.9.1979, S. 6: »Das Publikum machte seinem Unmut über die szenische Seite der Aufführung in lautstarken Bu-Konzerten ungezwungen Luft. Ebenso intensiv wurden umgekehrt die sängerischen Leistungen … sowie die des auf zügige Tempi bedachten Wagner-Spezialisten Otmar Suitner und der Kapelle gefeiert.«

74 Bertold Brecht, Kleines Organon für das Theater, in: Bertolt Brecht, Werke. Große kommentierte Berliner und Frankfurter Ausgabe, Bd. 23 (= Schriften 3), Berlin und Weimar/Frankfurt am Main 1993, S. 65–97. In diesem Band sind auch Stellungnahmen Brechts zur Formalismusdebatte und zum Streit über Paul Dessaus Oper DAS VERHÖR DES LUKULLUS abgedruckt; vgl. a.a.O., S. 134–138.

75 Michael Gielen kommt das Verdienst zu, in Frankfurt am Main 1985–87 trotz ähnlich bornierter Reaktion den gesamten RING »durchgeführt« zu haben – der Ruf des dortigen Opernhauses und des Kulturlebens der Bankenmetropole zehrt immer noch davon.

76 Paul Dessau, Dokumente zu Leben und Werk. Zusammengestellt und kommentiert von Daniela Reinhold, Berlin 1995, S. 85.

77 Neue Züricher Zeitung, 25.2.1974.

78 Vgl. Peter Ruzicka, Paul Dessau 1994, in: Klaus Angermann (Hrsg.), Paul Dessau: Von Geschichte gezeichnet, Hofheim 1994, S. 7.

79 Frank Schneider, Denken in harten Widersprüchen. Politische Motive in Dessaus Musik, in: Musik und Gesellschaft, 39/1989, S. 286.

80 Ebd.

81 In dem repräsentativen Buch zu Dessaus 80. Geburtstag (Paul Dessau: Aus Gesprächen, Leipzig 1974) kommt Suitner nur in den vom Komponisten persönlich verfassten Anekdoten in angemessenem Umfang vor; im Fototeil spielt er nur eine Nebenrolle.

82 »Unter der Leitung von Otmar Suitner, dem, wie man hört, verdienstvollen Initiator, entsteht ein funkelndes Farbenspiel von glutvoller, gleichsam introvertierter Leidenschaft«, in: Oper und Konzert, 6/71, S. 4.

83 Opernwelt, Mai 1971.

84 Neue Zeit, 19.7.1977 (Eckart Schwinger).

85 Ebd., 8.6.1979 (Eckart Schwinger).

86 Hifi-Vision, 1/92.

87 Spandauer Volksblatt, 7.3.1976.

88 Neben der Regie durch seine szenische Beraterin Renate Heitzmann schlug eine weitere Protagonistin die Brücke zu seiner Anfangszeit: Celestina Casapietra in der Rolle von Salieris Donna Eleonora. Sie war schon an der allerersten Premiere mit Mozarts Così FAN TUTTE beteiligt gewesen.

89 Am 6. und 7.12.1971 wurde neben dem Schönberg-Opus Mozarts »Haffner«-Sinfonie und Bruckners »Romantische« gespielt.

90 Otmar Suitner, in: Theater der Zeit 8/1981, S. 20.

91 Peter Gülke, Fluchtpunkt Musik. Reflexionen eines Dirigenten zwischen Ost und West, Kassel und Stuttgart 1994, S. 122.

92 Jürgen Schebera, Hanns Eisler. Eine Biographie in Texten, Bildern und Dokumenten, Mainz 1998, S. 105.

93 Vgl. Gerhard Müller, Neue Betrachtungs- und Hörweisen in der Musik. Bemerkungen zur musikalischen Ästhetik Paul Dessaus, in: Musik und Gesellschaft 34/1984, S. 621.

94 Ebd.

95 Frank Schneider, Dessau und Schönberg im amerikanischen Exil, in: Klaus Angermann (Hrsg.), a.a.O., S. 68.

96 Frank Schneider, Denken in harten Widersprüchen, a.a.O., S. 285.

97 Rolf Reuter, seit 1981 GMD der Komischen Oper (und in den 70er Jahren fast GMD der Lindenoper), leitete DER SCHMIED VON GENT (5.7.1981) in der Inszenierung von Erhard Fischer.

98 Zu möglichen Gründen vgl.: Andreas Briner, Paul Hindemith, Zürich 1971, S. 148/49. Hindemith habe sich eine »ähnlich ausladende Orchestermusik ... nur noch einmal, in der Symphonie [Die Harmonie der Welt] ... erlaubt«. Das Werk wird nur relativ selten einstudiert. 1941 in Minneapolis uraufgeführt, vereine es »amerikanische Brillanz mit deutscher sinfonischer Tradition«.

99 Sonntag, 23.9.1979.

100 Neue Zeit, 26.5.1982.

101 Sidney S. Bloch, Richard Strauss als Dirigent, in: Otto Zoff (Hrsg.), Die großen Dirigenten – gesehen von ihren Zeitgenossen, Bern[2] 1959, S. 320–21.
Wer Mozart-Aufnahmen der Staatskapelle Berlin unter Leitung von Otmar Suitner mit denjenigen unter Richard Strauss vergleicht – beispielsweise die Jupiter-Sinfonie von 1926 – liest auch folgende Beobachtung Blochs mit Interesse: »Richard Strauss' Gott unter den Komponisten war Mozart. Er war für ihn der Höhepunkt musikalischer Vollendung, die vollkommene Form, unberührt von Sentimentalität, dieselbe klare, fleckenlose, durchsichtige Form, die wir in den letzten Gemälden Raffaels finden. Strauss' Interpretation der Jupiter-Sinfonie, des FIGARO oder IDOMENEO ließ nicht die entfernteste gefühlsmäßige Verzerrung zu.« (ebd., S. 323).

102 Günther Haußwald, a.a.O., S. 94.

103 Oft von Suitner genannte Stellen aus Stifters Vorrede zu der Erzählsammlung BUNTE STEINE sind beispielsweise:
»Das Wehen der Luft das Rieseln des Wassers das Wachsen der Getreide das Wogen des Meeres das Grünen der Erde das Glänzen des Himmels das Schimmern der Gestirne halte ich für groß: das prächtig einherziehende Gewitter, den Blitz, welcher

Häuser spaltet, den Sturm, der die Brandung treibt, den feuerspeienden Berg, das Erdbeben, welches Länder verschüttet, halte ich nicht für größer als obige Erscheinungen, ja ich halte sie für kleiner, weil sie nur Wirkungen viel höherer Gesetze sind. ... Nur augenfälliger sind diese Erscheinungen, und reißen den Blick des Unkundigen und Unaufmerksamen mehr an sich, während der Geisteszug des Forschers vorzüglich auf das *Ganze und Allgemeine* geht, und nur in ihm allein Großartigkeit zu erkennen vermag, weil es allein das Welterhaltende ist.« (S. 10) »So wie es in der äußeren Natur ist, so ist es auch in der inneren, in der des menschlichen Geschlechtes. Ein ganzes Leben voll Gerechtigkeit Einfachheit Bezwingung seiner selbst Verstandesgemäßheit Wirksamkeit in seinem Kreise Bewunderung des Schönen verbunden mit einem heiteren gelassenen Sterben halte ich für groß: mächtige Bewegungen des Gemüthes furchtbar einherrollenden Zorn die Begier nach Rache den entzündeten Geist, der nach Thätigkeit strebt, umreißt, ändert, zerstört, und in der Erregung oft das eigene Leben hinwirft, halte ich nicht für größer, sondern für kleiner.« (S. 12)
Zitiert nach: Adalbert Stifter, Historisch-kritische Gesamtausgabe, hrsg. von Alfred Doppler und Wolfgang Frühwald, Band 2,2, Stuttgart/Berlin/Köln/Mainz 1982. Vgl. zur Interpretation der angegebenen Stellen: Peter A. Schoenborn, Adalbert Stifter, Bern 1992, S. 371/72.

104 Leopold Nowak, Joseph Haydn, Leben, Bedeutung, Werke, Wien/München/Zürich 1959, S. 191.

105 Nach der Wiedereröffnung hieß der Schinkel'sche Saalbau zunächst wieder Schauspielhaus Berlin (am Platz der Akademie); inzwischen hat sich der Name Konzerthaus Berlin durchgesetzt.

106 Vgl. Fono Forum, 12/87, S. 26. Thomas Voigt wirbt hier im Vergleich mit 30 weiteren Aufnahmen für diese wegen des Duos Martin Ritzmann/Hanne-Lore Kuhse.

107 Fono Forum, 5/96, S. 28.

108 Ebd.

109 Peter Gülke, Brahms/Bruckner. Zwei Studien, Kassel 1998, S. 61.

110 Fono Forum, 5/96, S. 29.

111 Gunther Schuller. The complete conductor, New York/Oxford 1997, S. 280.

112 Ebd., S. 308 (Furtwängler), S. 286 (Norrington).

113 Fono Forum, 5/94, S. 76.

114 Christiane Wassermann Beirão, Musikalische Idylle, Studien zu einem verborgenen Topos, Sinzig 1999, S. 56 (= Berliner Musik Studien, Bd. 20).

115 Peter Gülke, Franz Schubert und seine Zeit, Regensburg 1991, S. 315.

116 Fono Forum, 12/81, S. 100/101.

117 Le Monde, 27.3.73.

118 Adalbert Stifter, a.a.O., S. 13.

Verwendete Literatur (in Auszügen)

Klaus Angermann (Hrsg.), Paul Dessau: Von Geschichte gezeichnet. Symposion *Paul Dessau* Hamburg 1994, Hofheim 1994.

Christian Begemann, Die Welt der Zeichen. Stifter Lektüren, Stuttgart 1995.

Paul Dessau, Dokumente zu Leben und Werk, zusammengestellt und kommentiert von Daniela Reinhold, Berlin 1995.

Peter Gülke, Brahms/Bruckner, Zwei Studien, Kassel 1998.

ders., Franz Schubert und seine Zeit, Regensburg 1991.

Hans Pischner, Premieren eines Lebens. Autobiographie, Berlin 1986.

Georg Quander (Hrsg.), Apollini et Musis. 250 Jahre Opernhaus Unter den Linden, Frankfurt am Main/Berlin 1992.

ders. (Hrsg.), Klangbilder. Portrait der Staatskapelle Berlin, Frankfurt am Main/Berlin 1995.

Jürgen Schebera, Hans Eisler. Eine Biographie in Texten, Bildern und Dokumenten, Mainz 1998.

Peter A. Schoenborn, Adalbert Stifter, Bern 1992.

Eberhard Steindorf, Wie Glanz von altem Gold. 450 Jahre Sächsische Staatskapelle Dresden, Kassel 1998.

Adalbert Stifter, Historisch-kritische Gesamtausgabe, hrsg. von Alfred Doppler und Wolfgang Frühwald, Band 2,2, Stuttgart/Berlin/Köln/Mainz 1982.

Gunther Schuller, The complete Conductor, New York/Oxford 1997, S. 280.

Christine Wassermann Beirão, Musikalische Idylle – Studien zu einem verborgenen Topos (= Berliner Musik Studien, Band 20), Sinzig 1999.

Philip H. Zoldester, Adalbert Stifters Weltanschauung, Bern 1970.

Ein Blick hinter die Kulissen der Wiener Staatsoper

Walter Vogel / Martina Paul
Die Wiener Staatsoper
Ein Blick hinter die Kulissen
128 Seiten
120 Duotone-Abbildungen
geb. mit Schutzumschlag
24 x 30 cm
ISBN 3-89487-396-5

Jeder kennt die Wiener Staatsoper. Aber nur wenige haben Einblick hinter die Kulissen geworfen. Der Fotograf Walter Vogel hat in zweijähriger Arbeit diese Welt erforscht – die Bühnen- und Kostümwerkstätten, die Ballettabteilung, das Licht, die Garderoben und die Maske. Vom Bühnenentwurf über die Probe bis zur Aufführung: Seine Bilder dokumentieren die faszinierende Arbeit eines berühmten Opernhauses – bevor die ersten Takte erklingen. Zusammen mit den 120 Duotone-Abbildungen erzählen die Texte von den Hauptakteuren dieser verborgenen Welt, den Schneiderinnen, Maskenbildnern und Beleuchtern.

„Unter dem Vorwand, die Opernmaschinerie entzaubern zu wollen, verzaubern Vogels oft stilllebenartige, wie komponiert wirkende Momentaufnahmen aus den Werkstätten, von Bühnenbilddetails, Requisiten und Stoffen den Betrachter. Egal, ob der nun Opernliebhaber ist oder nicht.“
Die Welt